PHP
Business Shinsho

2035年に
生き残る企業、消える企業

世界最先端のテクノロジーを味方にする思考法

Yasumasa Yamamoto
山本　康正

PHPビジネス新書

はじめに

世界のテクノロジーは、かつてない速度で進化しています。

２０２２年11月に登場したChatGPTのユーザー数は、公開からわずか5日で１００万人を超え、瞬《また》く間《ま》に世界中に広がりました。これはＩＴ史上最速のスピードです。このブームに乗って、生成ＡＩに必要な半導体を製造するエヌビディア（NVIDIA）の時価総額は、２０２４年6月、マイクロソフト（Microsoft）やグーグル（Google）、アップル（Apple）を抜き、約５００兆円で、上場企業の時価総額において世界一となりました。

これまでＩＴ業界を牽引《けんいん》してきたのはビッグテックのＧＡＦＡＭが中心でした。ＧＡＦＡＭとは、グーグル、アマゾン（Amazon）、フェイスブック（Facebook／現メタ〈Meta〉）、アップル、マイクロソフトの頭文字《かしらもじ》を取ったものです。

しかし、ChatGPTを開発したのは、オープンＡＩ（OpenAI）という、２０１５年に創業したばかりのスタートアップでした。その衝撃は、テック業界の勢力図すらも塗《ぬ》り替《か》えるほどのものでした。

技術が進化するスピードがあまりにも速すぎるため、もはや年単位、月単位で情報を集めていては遅すぎる。本書を手に取ってくださったあなたも、おそらくそう考えているはずです。

技術進化の潮流をできるだけ正確にとらえ、**最新のテックトレンドをキャッチできなければ、業界を問わず、ビジネスの存続は困難になる**でしょう。

本書のタイトルは、10年後をイメージして『2035年に生き残る企業、消える企業』となりましたが、もっと近い未来に明暗が分かれるかもしれません。

それだけではありません。生成AIをはじめとした最先端テクノロジーを、文系理系を問わず、誰もが使えることを求められる時代が、すでに始まっています。

小学生ですらChatGPTを使って読書感想文を書こうと試みる時代です。**最先端テクノロジーを使えない人材は、市場価値を失ってしまいます。**

5年前であれば「新しいことは若い世代に任せておけばいい」「技術的なことは情報システム部の管轄《かんかつ》だろう」という言い分が通ったかもしれませんが、もはやそれでは通用しません。

では、何をどうすればいいのか？

答えはたった一つです。

日々進化するテクノロジーの周辺事情とトレンドを、自《みずか》ら取りに行くこと。

会社が学びの機会を与えてくれるのを受け身で待っていては遅すぎます。最先端の情報は、自ら動き、自ら取りに行くしかありません。テクノロジーに関する知識は3ヶ月で陳《ちん》腐《ぷ》化するかもしれませんが、価値ある知識を取りに行く知恵は価値を持ち続けます。

そのための能動性を、具体的にどう身につけるべきか。本書では、筆者が実践している方法を紹介していきます。

筆者は、グーグル勤務などを経て、現在は、大学の客員教授などを務めるとともに、世界のテック企業を対象としたベンチャー投資家として活動しています。テクノロジーのトレンドをキャッチアップし続け、それがビジネスとして成長するかどうかを目利《めき》きする力を磨《みが》いてきました。

まず第1章では、2024年の、本書執筆時点までの具体的な出来事を紹介しながら、いまのテクノロジーのトレンドについて、筆者の見解を述べていきます。何を、どのような視点から見ることで、トレンドをつかむことができるのか、皆さんにイメージを持っていただけるかと思います。

第2章では、最新テクノロジーのトレンドを読み誤ると、企業の存続が危《あや》ぶまれるということとともに、経営層や技術職ではない人材にとっても、最新テクノロジーのトレンドを理解しておくことが必須《ひっす》であることを述べました。いまは、文字通り、「すべての」人材にとって、最新テクノロジーの知識が必須です。

「テクノロジーの進化に追いつくのは、経営層や技術職の仕事」と思っている方は、ぜひ認識をあらためていただきたいと思います。

また、非技術職こそ、最新テクノロジーの知識を武器にできることも述べています。

最後の第3章では、非技術職の方々が常に最新テクノロジーをキャッチアップし続けるためには、どうすればいいのか、方法論を述べました。

非技術職の方にとっては、あるいは、技術職の方でも自分の専門以外のテクノロジーについては、どのように知識を身につければいいのか、戸惑《とまど》うことが多いかと思います。

いまやエクセル（Excel）を使えることが必須の仕事が多いですが、コンピュータの仕組みや半導体の構造を知らなくてもエクセルは使えるように、最新テクノロジーの知識が必須といっても、何もかも理解する必要はありません。理解すべきポイントがあります。

本書を手に取っていただいた方の中には、「いま注目すべき最新テクノロジーを知りたい。そして、それを自分の仕事やビジネスに、どう取り入れるべきかを知りたい」という方もいるでしょう。

一方で、自分の会社がテクノロジーの進化についていけていないと感じ、不安を覚えている方もいるかもしれません。あるいは、時代についていけない自分に閉塞《へいそく》感を覚えている方もいるかもしれません。

本書が、読者の皆さん自身の明るい展望を拓《ひら》くものになり、さらには皆さんが働く会社、ひいては日本経済が、世界をリードする存在になっていく一助になれば幸いです。

2035年に生き残る企業、消える企業

世界最先端のテクノロジーを味方にする思考法

目次

第1章　いま押さえておくべき最新テクノロジーの潮流

テーマ別・注目すべき最新テクノロジーの動向　72

第2章

企業も人材も、最新テクノロジーの潮流に乗り遅れれば淘汰される

非技術系こそ、テクノロジーの知識が強力な武器になる

テクノロジーの潮流を読み誤らないために

第3章 世界最先端を自分に実装する方法

学びを深めるための四つのポイント　199

第1章

いま押さえておくべき最新テクノロジーの潮流

世界最大級のテクノロジー展示会「CES」を現地で見る

現地に足を運ぶことで初めて見える風景がある

最新テクノロジーをキャッチアップする方法の一つとして、最も初歩的ですが、筆者が有効だと実感しているのは、**テクノロジー展示会に連続して参加し、出展社の動向を把握すること**です。

大規模なテクノロジー展示会のほとんどはアメリカで開催されています。現地に足を運ぶのは大変かもしれませんが、自分の目で見て、手で触れて、五感で最先端のプロダクトを確かめることに勝《まさ》る方法はありません。

そこでまずは、世界最大級のテクノロジー展示会であるCES《シーイーエス》を取り上げて、筆者がそこでどのようなことに注目したのか、そこからどのようなことが読み解けるのかを、お話ししたいと思います。

CESとは、毎年1月にラスベガスで開催される、世界最大級のテクノロジー展示会です。

主催は全米民生技術協会（CTA）で、さまざまな分野の世界最先端を狙《ねら》う各国の企業が集まり、新時代を担《にな》うプロトタイプ（試作品）などを発表する場として注目されるビッグイベントです。

最新テクノロジーの展示会というと、最近登場したイベントだと思われるかもしれませんが、CESの歴史は非常に古く、第1回が開催されたのは1967年のニューヨークでした。

ただ、当時といまとでは、かなり内容が変わっています。
当初のＣＥＳは「Consumer Electronics Show」が正式名称で、その名の通り、コンシューマ（消費者）向けの家電の見本市でした。各時代を象徴する家電製品がＣＥＳでお披《ひ》露目《ろめ》されてきた歴史があります。

方向性が変化したのは、インターネットが一般社会に普及し始めた頃からです。
１９９０年代後半にはインターネット関連技術が家電にも使われるようになり、家電に限らずさまざまな新製品がＣＥＳで展示されるようになりました。正式名称も「Consumer Electronics Show」から「ＣＥＳ」にあらためて、いわば、テクノロジー関連なら何でもありのイベントとして成長してきたのです。

ちなみに、コンピュータ関連の展示会としては、過去にはCOMDEXというイベントがありましたが、こちらはＣＥＳの勢いに押し切られるかのように、２００３年を最後に終了してしまいました（その後、２０１０年に仮想空間で復活）。

ＣＥＳの定点観測で、今年のトレンドの兆しが見えてくる

筆者は、オンライン開催となったコロナ禍《か》中は例外として、可能な限り、毎年、ラスベガスまで足を運び、現地の空気を肌《はだ》で感じながら、ＣＥＳという世界最大級のテクノロジー展示会を定点観測してきました。

ＣＥＳに筆者が足を運んでいるのは、世界最大級のテクノロジー展示会であるからだけではありません。**毎年1月というタイミングで開催されるため、業界関係者が今年のテック市場の動向をどうとらえているかがうかがえることも、定点観測の大きな理由です。**新たなトレンドを、各企業がどのようなチャンスとしてキャッチしているのかが、そこかしこで見られる場。それがＣＥＳです。

ＣＥＳのような定期開催イベントは、単発でそこだけを見てもあまり意味がありません。**「前年にはなかったが、今年は目立った展示は何か」や、逆に、「前年には勢いがあったが、今年は展示がなかった企業やテクノロジーは何か」といった、「文脈」を読み解いていくことが重要**だからです。

そこで、２０２３年と２０２４年のＣＥＳを比較して、筆者が現地を訪れて気付いたトピックスを例に取り、最新テクノロジーの潮流を解説していきましょう。

CES2023で目立った韓国企業の存在感

コロナ禍が明けて初となる２０２３年のＣＥＳ（ＣＥＳ２０２３）では、例年通り、韓国企業が抜群《ばつぐん》の存在感を発揮《はっき》しました。

筆者も実際に、韓国企業の出展社・団体数と展示規模のインパクトを目《ま》の当たりにしました。アメリカの先端企業と遜色《そんしょく》ない世界観を発信し、来場者に協業を考えさせる展示

CES 2023で会場の展示ホール間を結ぶ地下トンネル「The Vegas Loop」を走るテスラのEV（写真：ロイター/アフロ）

でした。

そもそも出展社・団体数が4000を超えるCESの会場規模は非常に大きく、複数の会場をあわせた総展示面積は20万平方メートルにも及びます。「東京ドーム4個分」と聞けば、その広大さが伝わるでしょう。会場内の移動のためにテスラ（Tesla）のEV（電気自動車）が運行されているものの、徒歩での移動に多くの時間が取られます。

会場が広いため、当然ながら、ブース出展料にも幅があります。大企業は好アクセスのメイン会場を高額料金で押さえ、スタートアップは中心から外《はず》れたスペースに出展するのが一般的です。

つまり、ひと口に**「CESに出展した」といっても、どのスペースに、どれくらいの規模で出展したかによって、注目度が大きく異なってくる**のが実情です。

このような前提を頭に入れておくと、その年にはどの企業が勢いを持っているのかがおのずと見えてきます。

ＣＥＳ２０２３で、メイン会場にあたるラスベガス・コンベンション・センター（ＬＶＣＣ）の一等地を押さえていたのは、サムスン電子（Samsung Electronics）、ＬＧ電子（LG Electronics）、ＳＫグループに代表される韓国企業でした。

世界有数の家電や電子部品などの総合メーカーであるサムスン電子は、前年から掲《かか》げる「カームテクノロジー（Calm Technology：静かなテクノロジー）」というキャッチコピーを前面に打ち出していました。

カームテクノロジーとは、家電など、身の回りにあるあらゆる端末にシームレスに組み込まれ、人間が意識することなく使うテクノロジーのことです。最新テクノロジーが日常生活に溶け込んだ、新しいライフスタイルと世界観を提示しました。

韓国企業では、大手財閥ロッテグループも、ヘルスケア領域で新技術をアピールしていました。

ロッテグループは2022年に「ロッテヘルスケア（Lotte Healthcare）」を設立し、ヘルスケア市場に進出。2023年には個人向け健康管理プラットフォーム「カズル（CAZZLE）」をリリースしました。さらに、2024年には日本でもヘルスケア関連法人「ロッテメディパレット株式会社」を設立しています。

CESに出展した中でも注目を集めたプロダクトや技術は、その年の「イノベーションアワード」として表彰されます。

もちろん日本企業も受賞していますが、434社の受賞企業のうち、約3分の1の134社を韓国企業が占め、歴代最多受賞を記録するほどの圧倒的なポテンシャルを世界に見せつけた結果になりました。

韓国は、政府と企業が官民一体でアピールしただけではなく、ソウル市などの地方自治体やソウル大学も協調する形で、出展の工夫がなされていました。韓国の空の入り口である仁川《インチョン》空港が出展していた点も、ユニークな試みとして目を引きました。これは諸外国へのゲートウェイも連動してテクノロジーの開発競争に参入しようという意識の表れでしょう。

現職の経済産業大臣が視察も、存在感を発揮できなかった日本

では、CES2023において、日本企業の存在感は、どうだったのでしょうか。

コロナ禍が明けて、人も企業も戻ってきた久しぶりのCESとあって、日本にとって

も、CES2023は国際市場におけるプレゼンスを高めるまたとないチャンスだったはずです。

ソフトウェア開発においてはアメリカに後《おく》れを取っても、モノづくり、すなわちハードウェア開発においては優位性を持つ日本企業にとって、ハードウェアの展示が中心のCESは、相対的にアピールしやすいイベントであったはずです。筆者の投資先にも、創業直後にもかかわらず、イノベーションアワードを受賞したスタートアップがあります。

しかし、結論から述べると、トータルで見た印象としては、**CES2023では、日本企業は韓国企業ほどの成果を得られていませんでした。**

日本からも、ソニーグループ、パナソニック、三菱電機、旭化成などのグローバル企業はもちろんのこと、経済産業省のスタートアップ支援事業「J-Startup」の認定企業をはじめとするスタートアップも多数出展しました。しかし、ブースの立地や展示内容、企業が掲げるビジョンを共有する手法に関しては、まだまだ改善の余地があるように感じられました。

一方で、２０２３年に起きたポジティブな出来事もありました。経済産業大臣（当時）である西村康稔《やすとし》氏がラスベガスまで足を運び、ＣＥＳの視察に訪れたことです。日本の現職大臣が公式にＣＥＳを視察するのは、なかなかないことです。

日本の国内市場が今後ますます縮小していくことが明らかである以上、スタートアップ支援により力を入れ、外貨を獲得することは、日本経済に寄与《きよ》する重要な道です。経済産業大臣の視察には、そうした国としての姿勢を示す意味もあります。

ChatGPTの登場から1年経って、CES2024の注目はやはり生成AI

では、翌年のＣＥＳ２０２４では、どのような動きが見られ、どのような未来のビジョンが語られたのでしょうか。

CESの会場LVCC（ラスベガス・コンベンションセンター）。写真はCES2024のもの（写真：ZUMA Press/アフロ）

２０２４年は、主催者であるＣＴＡの設立１００周年という大きな節目の年でもありました。ＣＥＳ２０２４の出展社・団体数は４３００超にも上《のぼ》り、うち１４００社超がスタートアップ。最新のテクノロジーをキャッチアップすべく、日本企業からも大勢《おおぜい》の人々が訪れ、約14万人が来場する盛り上がりを見せました。

CES2024の中心となったキーワードは、やはり生成AIです。ChatGPTが登場したのは２０２２年11月でしたから、さすがにわずか２ヶ月後のＣＥＳ２０２３の会場では、生成ＡＩ技術を組み込んだプロダクトやサービスを披露《ひろう》している企業はほぼ見られませんでした。

しかし、それから1年以上が経過し、生成AIの開発競争が激化した2024年は、その活用法について、各社が本格的に試行錯誤《しこうさくご》した成果を披露する最初のCESとなりました。

サムスン電子がCES2024で掲げたキャッチコピー「AI for ALL」に象徴されるように、家電からモビリティまで、生成AIを活用したプロダクトが会場の至る所で見受けられました。

一つひとつのサービスやプロダクトを紹介していくときりがありませんが、生成AIを活用するビジョンの描き方として非常に明快かつユニークで、筆者の印象に残ったのは、世界最大の小売業者であるウォルマート（Walmart）のダグ・マクミロンCEOによる基調講演です。

CES 2024でスピーチをするサムスン電子副会長・韓宗《ハンジョン》熙《ヒ》氏（写真：ロイター/アフロ）

ウォルマートCEOが語った パーティーセットが自動で届く未来

マクミロン氏が基調講演で語った内容を端《たん》的《てき》にまとめると、「徹底してパーソナライズされた、シームレスで柔軟なショッピング体験を実現するために、生成ＡＩは大いに役立つだろう」という、少し先の未来のビジョンです。

例えば、仲のいい友人同士が集まって、誰かの家でホームパーティーをするとしましょう。

パーティーの料理を準備するまでには、どんなメニューにするかを決め、そのメニューを作るための材料やレシピを調べて購入する、という手順が必要不可欠です。最近はネットスーパーが増えたとはいえ、「メニューを考案し、参加者の人数や属性を考慮した材料を購入する」というステップは、あって当然のものであると誰もが考えているはずです。

ところが、ウォルマートが発表した新サービスは、「6人で誕生日のパーティーをしたい」とだけリクエストすれば、あとは生成ＡＩがメニューから必要な材料までをすべて判断・選択して、まるごとパッケージにして届けてくれるという、画期的《かっきてき》なサービスでした。

このサービスがブラッシュアップされていけば、いずれは「夏に10人でバーベキュー」「子どもの誕生日パーティー」「ヴィーガン向けの感謝祭イベント」のように、キーワードやシチュエーション、参加者の属性などを伝えるだけで、生成ＡＩがその場に適したメニューを提案し、それに沿《そ》った材料のセットが自動的に届くようになるでしょう。

同じように、冷蔵庫内の食品の在庫を生成ＡＩが常時把握し、不足した場合はウォルマートのネットスーパーに自動的に注文して補充してくれる未来も、遠からず訪れることが予想できます。

最新のテクノロジーを機能や性能だけで語るのではなく、日常生活の延長線上に溶け込むストーリーの一部としてプレゼンする。ウォルマートの基調講演からは、生成AIを自社のサービスにシームレスに組み込む必然性とリアリティが確かに感じられました。

このように、CESのようなビッグイベントで見るべきは、プロダクトだけではありません。その年の**基調講演で誰が、何を語っているかもしっかりとチェック**しておきましょう。

注目すべき発表はあれど、日本企業の存在感は前年同様

ＣＥＳ２０２４では、例年と同様に、ソニーグループやホンダなど、日本の大企業の出展も、当然ながら多数見かけました。

ホンダはグローバル市場に投入する新たなＥＶ「Honda 0シリーズ」を、三部敏宏《みべとしひろ》社長が世界初発表。２０４０年にはエンジン車を全廃《ぜんぱい》することを目標に掲げながらも、現状では出遅れている同社としては、巻き返しの切り札として、新世代ＥＶに注力していくことが予想されます。

また、ホンダとソニーグループの合弁《ごうべん》企業であるソニー・ホンダモビリティも、同社の川西泉社長、ソニーグループの吉田憲一郎ＣＥＯ、ホンダの三部社長が現地に駆けつけ、

CES 2024で展示されたソニー・ホンダモビリティのEV「アフィーラ」
（写真：ロイター/アフロ）

ＥＶ「アフィーラ（AFEELA）」の進化した最新プロトタイプを発表。ＰＳ５のコントローラーを使ってステージに無人車両を登場させる演出で会場を沸《わ》かせました。

アフィーラには、マイクロソフトのＡＩクラウド「Azure《アジュール》 OpenAI Service」を使った対話型ＡＩを搭載《とうさい》することも発表されました。モビリティという箱に生成ＡＩをどう活用するかという創意工夫が感じられ、２０２６年の北米市場での販売に向けて本格的に始動している様子が伝わってきました。

ＣＥＳ２０２４に出展した日本企業の中

では、2018年に旭硝子《あさひがらす》から社名を変更してリブランディングを図《はか》ったAGCが、非常に見応《みごた》えのある展示を行っていたことも印象に残っています。

日米欧のAGCグループ関連会社が一堂に集まった今回の展示では、単に素材を展示するのではなく、その素材と技術力を用いて、どのようなテクノロジーを次世代モビリティに提供できるのか、といったビジョンと世界観をはっきりと打ち出し、壮大《そうだい》なソリューションとして提示していた点が、多くの企業から注目を集めたものと思われます。

しかし、全体として見ると、プロダクトやサービスの注目度という点では、残念ながら、前年に続き、勢いのある韓国企業には及ばなかった印象を受けました。**世界最先端のテクノロジーをキャッチアップし、自ら発信する側になることが、日本企業にとっては当面の大きな課題**だと感じられました。

CESは、ただプロダクトを発表するだけの場ではなく、協業する企業と出会い、自社のエコシステムを広げていく場でもあります。その意味でも、魅力的なプロダクトや世界観を提示し、存在感を示すことが重要です。

ちなみに、2020年のCESでトヨタがEV中心の実証都市「ウーブン・シティ（Woven City）」構想を大々的に発表しましたが、これも恐らく、協業する企業を見つける目的があったと推察されます。

しかし、実証実験のスタートが2025年と予定されているにもかかわらず、CES2024ではほとんど話題に上がりませんでした。入居は2024年6月に開始されたとの報道がされています。

韓国の存在感の大きさの背景には経済安全保障の問題も

なお、CESへの中国企業の出展は、かつては多かったのですが、米中関係の緊張が高まったことによって、現在はかなり少なくなりました。ただ、2023年のアジア太平洋経済協力会議（APEC）で関係改善が見られたためか、CES2023に比べると、C

ES2024では存在感がいくらか回復していました。

また、韓国企業が大きな存在感を示している背景には、かつてなく需要の高まった高性能な半導体を製造できるのが、アメリカや中国の他には、台湾のTSMCやサムスン電子くらいしかないということもあります。アメリカにとって、経済安全保障上、韓国との関係が重要なのです。

LG化学（LG Chem）から分社化したLGエナジーソリューション（LG Energy Solution）のEV用バッテリーも同様です。

年配《ねんぱい》の方であれば、1980年代の日米半導体摩擦《まさつ》を覚えている方も多いでしょう。

当時はNECや日立、東芝などの日本企業が世界の半導体市場を席巻《せっけん》しており、それがTI（Texas Instruments）やモトローラ（Motorola）などのアメリカ企業を圧迫しているとして、アメリカ政府が日本政府に圧力をかけたといわれています。その結果、日本企業の半導体事業は失速してしまいました。

しかし、現在は当時と事情が違い、中国という存在がアメリカにとって脅威になっています。そのため、アメリカの同盟国である韓国の半導体産業の重要度が相対的に高まっているのです。

1980年代当時に需要が多かった半導体と、現在、需要が増えている半導体とは、種類が違うので、もし日米半導体摩擦がなかったとしても、現状がどうなっていたかはわかりませんが、テクノロジーの潮流にも国際情勢が関係するという一例です。

「今年はなくなったもの」からもテクノロジーの現在地がわかる

ここまで、CESに出展されているものについて述べてきましたが、先述したように、**「過去にはあったが今年はない、もしくは、目立たなかったもの」に着目することも重要**です。そうすることで、その技術の競争状況をうかがい知ることができます。

例えば、CES2023までは、自動運転のムーヴメントを大いに盛り上げようとしていた企業がありました。ゼネラルモーターズ（GM〈General Motors〉）のメアリー・バーラCEOが、2021年、2022年と連続で基調講演を務めたことからは、自動車企業の枠《わく》を越えようという意気込みを感じます。

ところが、CES2024では、自動運転の展示が縮小していました。背景には、GMの傘下《さんか》にあるGMクルーズ（GM Cruise）が運行している無人タクシーが2023年に人身事故を起こし、全米でサービス停止に追い込まれたこともあります。

一方で、グーグルの親会社であるアルファベット（Alphabet）傘下のウェイモ（Waymo）は無人タクシーの運行エリアを拡大中です。

CES2024が開催された翌2月には、ウェイモの無人タクシーが暴徒に襲撃・破壊された事件もありましたが、さらにその翌3月にはロサンゼルスの一部の市民を対象に無料の無人タクシーサービスの提供を開始し、運行エリアを拡大していますから、CESだけを見て、一概《いちがい》に「自動運転のトレンドはもう終わった」と言い切るのも適切ではありません。

テスラも、2024年8月8日に自動運転タクシーサービスについて発表するとしています。

技術的に可能にはなりつつあるが、ビジネスとしての持続可能性はどこまであるのか？　そのための体制は整えられているか？　このような点で各社によってばらつきが出てくるのは、ある意味で当然のことです。

ちなみに、自動運転車については、アップルも開発を進めていましたが、2024年に断念したという報道がありました。これは、他のビッグテックに後れを取っているＡＩの開発にリソースを割り振るためではないかと思われます。

このように、同業他社の現在地を比較し、社会の文脈から技術をとらえなおす、つまり、**「比較」と「文脈」でとらえる**ことが重要です。

モノだけではなく、人も同様です。「去年は来ていたCEOが、今年は来ていない」というように、誰が不在かを見ることで、そのイベントに企業が傾ける熱意の度合いを測ることもできます。

先述のウォルマートの基調講演には、協業パートナーとして、マイクロソフトのサティア・ナデラCEOも登壇《とうだん》し、本気度の高さが感じられました。

報道やプレスリリースだけでは トレンドの本質はつかめない

報道機関が記事にするのは、「今年はこんな展示があった」「こんな演出もあった」と、基本的には取材の現場に「あった」ものが中心になります。「何が起こったか」を伝えることにフォーカスすることが報道の基本性質である以上、仕方がないのかもしれません。

情報の取捨選択も、記者の主観によるところが大きいでしょう。

このような**メディアの弱点を踏まえた上で、目の前の新製品を見るだけではなく、過去と比較する。点と点を結んで線として文脈をとらえ、考察することが、これからの時代のビジネスパーソンには必須のスキルになる**でしょう。

CESは世界最大級の展示イベントだけあって、出展企業はしっかりと作り込んだリリースを発表しますし、各国からも記者が多数押し寄せます。日本で黙って待っていても、流れてくる報道記事に目を通すことは難しくありません。「わざわざ現地に足を運ばなくても、メディアの記事や各社のリリースを読めば十分だ」と考える方もいるかもしれません。

しかし、メディアの記事や企業のリリースを鵜呑《うの》みにしていては、CESに限らず、最新テクノロジーのトレンドの本質はつかめません。

また、現地に行きさえすればいいという単純な話でもありません。特にCESのように膨大《ぼうだい》な出展社・団体数があるイベントは、「比較」と「文脈」という「物差し」を持たずに、漫然《まんぜん》と歩きながら眺《なが》めるだけでは、何が重要なポイントなのかがわからないのです。

CESと並ぶ欧州の展示会「MWC(Mobile World Congress)」

ここまで、CESという最もメジャーなイベントを例に挙げてきましたが、テクノロジーの動向をキャッチできるイベントは、もちろんこれだけではありません。必ず足を運んでいるわけではありませんが、「MWC(Mobile World Congress)」も、CESと並んで、筆者が最新テクノロジーの動向を追う上で毎年チェックしているイベントです。

MWCは、毎年2月にバルセロナで開催される、世界最大規模のモバイル関連の展示会

2024年のMWC（Mobile World Congress）（写真：ロイター/アフロ）

です。主催は移動体通信事業者や関連企業からなる業界団体「ＧＳＭアソシエーション」です。

開催地がスペインであるにもかかわらず、というべきか、ＣＥＳが開催されるアメリカよりも近しいからか、例年、**ＭＷＣで目立つのは中国企業**です。ヨーロッパ発の革新的なプロダクトも発表はされていますが、霞《かす》んでしまい、テクノロジーにおけるヨーロッパの存在感の低下がうかがえます。

前年のＣＥＳで見かけたアメリカ企業の新製品が、今年のＭＷＣでは中国企業によって大幅に改良された形で登場した、なんてこともまったく珍しくありません。アイデアの源泉は誰が見てもアメリカ企業でも、性能がさらにブラッシュアップされていて、価格も大幅にダウンしているとなれば、アメリカ企業にとって脅威でしかありません。

アメリカや韓国の企業が目立つＣＥＳと、中国企業が目立つＭＷＣを比較することで、トレンドの向かう先や輪郭《りんかく》が、さらにくっきりと浮《う》き彫《ぼ》りになってくるはずです。

ＭＷＣ２０２４に見えた中国経済の失速

ＭＷＣについても２０２３年と２０２４年を比較してみると、２０２３年にはエネルギッシュに宣伝をしていた中国企業の新プロダクトの発表は、２０２４年にはやや縮小し、トーンダウンした印象を受けました。ファーウェイ（Huawei）が５Ｇと６Ｇの間の５・５Ｇのプロダクトを展示したり、スマホメーカーのシャオミ（Xiaomi）が初めて開発したＥＶ「ＳＵ７」の展示があったりしたものの、中国経済の低迷の影響が感じられました。

2024年のMWCで展示されたシャオミのEV「SU7」（写真：新華社/アフロ）

そのため、ＣＥＳと比べると全体的に盛り上がりに欠けた２０２４年のＭＷＣでしたが、その中で存在感を見せたのは、やはり韓国です。

半導体であればサムスン電子、バッテリーであればＬＧ化学を擁《よう》する韓国は、やはり、どの国であろうとも無碍《むげ》にはできません。

ＭＷＣは、革新的な新製品・新技術が発表される場として見るよりは、それぞれの国や企業の現時点でのパワーバランスを確かめるという視点でも見たほうが、収穫が多いかもしれません。

ちなみに、２０２４年のＭＷＣにおける日本企業のハイライトを挙げるならば、ＫＤＤＩの出展でしょう。

ＭＷＣへの出展を続けてきたＮＴＴドコモの社長である井伊《いい》基之《もとゆき》氏と、２０２４年が初出展となるＫＤＤＩの社長である髙橋誠氏。競合にあたる両社トップが会場で共演を果たしたことは、国内メディアでも取り上げられました。

例年、ＭＷＣに出展しており、バルセロナの地元プロサッカーチーム「ＦＣバルセロナ」のスポンサーにもなっていた楽天グループにも好意的に言及し、日本のモバイル市場の存在感をアピールしたことからも、今後の展開への意気込みが感じ取れました。

最先端のプロダクトをチェックするにはテック企業の開発者会議

ビッグテックが焦点を当てるのは展示会ではなく自社の開発者会議

ところで、最先端のテクノロジーを生み出すＧＡＦＡＭのようなビッグテックは、ＣＥＳでどんなことを発表していると思いますか？

その点について、ここまでほとんど言及がないことが気になっていた人も多いのではないでしょうか。

実は、ビッグテックと呼ばれる企業は、ＣＥＳに照準を合わせていません。ビッグテック各社はＣＥＳで重要な新サービスを発表することはありませんし、そもそも参加すらしないことも珍しくありません。

なぜなら、**ビッグテックにとっての主戦場は、ＣＥＳのような展示会ではなく、自社の開発者会議**だからです。

最新テクノロジー全体のトレンドや時代の潮流を見るのであれば、多種多様な企業が一堂に会するＣＥＳやＭＷＣに明らかに軍配《ぐんばい》が上がります。

しかし、最先端のプロダクトやサービスをフォローするのであれば、高度な技術開発力を持つビッグテック各社の開発者会議こそが本丸《ほんまる》です。

グーグルであれば毎年5～6月に開催される年次開発者会議「Google I/O（グーグル・アイ・オー）」、アップルであれば毎年6月に開催される「ＷＷＤＣ（Worldwide Developers Conference）」がそれにあたります。

グーグルやアップル、テスラなどは、定期的に独自の開発者会議を設定しているため、

ＣＥＳのようなイベントでわざわざ目玉の新製品を発表する必要はあまりないのです。

また、ＣＥＳでは基本的にはモノ、つまりハードウェアありきの展示が多いため、ソフトウェアの最先端の技術の動向をキャッチしづらい面もあります。

前述しましたが、その意味で、ソフトウェアには弱いがハードウェアに強みを持つ日本企業にとって、ＣＥＳは相対的にアピールしやすい場でもあるのですが、生成ＡＩに代表されるソフトウェアの価値がハードウェアの価値と同等、もしくはそれ以上になってきている時代であることを考えると、アップルやグーグル、アマゾンなどのビッグテックがＣＥＳに重きを置かないのも自然なことだといえるでしょう。

ちなみに、ChatGPTを開発したオープンＡＩは、ＣＥＳ２０２４の直後に行われたダボス会議にはサム・アルトマンＣＥＯが出席していますが、ＣＥＳ２０２４には出展していません。

CESを当て馬のようにした
アップルの「Vision Pro」発売

アップルに至っては、CESを当て馬のように使っているようにも見える節《ふし》があります。

例えば、アップルは2023年6月に、同社初の空間コンピュータ「Vision Pro」を発表しましたが、その発売日を2024年2月2日にすると大々的に公表したのは、CES2024が開幕する直前のタイミングでした。

当初は3月発売とされていたVision Proの発売日を前倒しにすることによって、CESへの注目を逸《そ》らし、自社の存在感を見せつける狙いがあったのでしょう。

実際、CESにも類似《るいじ》のウェアラブルデバイスが多数出展されていましたが、アップルの発表したVision Proの完成度と比較すると、その差は大きく見え、印象が霞んでしまったことは否《いな》めません。

アップルのゴーグル型端末「Vision Pro」(写真：ロイター/アフロ)

Vision Proは普及するか？　一時の話題で終わるか？

筆者も実際にVision Proを購入し、体験してみました。それによって、アップルが目指す方向性を体感できたような実感がありました。

アップルはVision Proを、流行語である「メタバース」という言葉はあえて使わず、現実世界とシームレスに融合《ゆうごう》する「空間コンピュータ」と定義付けています。

これだけを聞いてもピンと来づらいかもし

れませんが、簡単にいうと、ゴーグルのように装着すると、目の前の現実空間に映像が浮かび上がり、それらを指や目線、声による直感的な操作でコントロールできるのが特徴です。3D空間（現実）にコンピュータ画面を融合させることで、仕事から娯楽《ごらく》まで、さまざまな使い方が期待されています。

とはいうものの、具体的にどう使うのかといえば、まだふさわしい使い方が見つかっていないのが現状だと思います。

例えば、Vision Proで映画を見るとしましょう。アップルはディズニー（Disney）と提携し、コンテンツの提供を受けることになっています。ディズニーの動画配信サービス「ディズニープラス（Disney＋）」をVision Proで体験するプレビュー映像も公開されました。また、アップル自体も「Apple TV＋」という動画配信サービスを運営しています。それらの映像コンテンツをVision Proで見るというのは、十分に考えられる使い方です。

しかし、筆者の実感では、Vision Proは、装着感は優れているものの、頭部に長時間つけて使用するには少々重すぎるといわざるを得ません。座ったままで、補助なしに、

Vision Pro を装着しての長時間の映画鑑賞はなかなか厳しいでしょう。

仕事で使うにしても、空間に浮かび上がるキーボードを操作するより、実物のキーボードを打つほうが、まだ圧倒的に便利です。

要するに、未来を感じさせる画期的なアイテムであることは、一定程度確かであるものの、**Vision Pro でなければできないこと、Vision Pro だからこそできることが、まだ見つかっていない段階**だと考えるのが妥当《だとう》でしょう。

かつて、グーグルは眼鏡《めがね》型のウェアラブル端末「グーグルグラス（Google Glass）」を開発・販売していましたが、普及することなく、一時撤退しました。マイクロソフトの「ホロレンズ（HoloLens）」も同様です。Vision Pro も、同じ道をたどる可能性はあります。

ただし、『スーパーマリオブラザーズ』というソフトウェアがあったためにファミコンが爆発的に売れたように、Vision Pro ならではの使い方ができるソフトウェアが提供されれば、一気に普及する可能性も、まだ捨て切れません。

現実と調和するアップル、現実と仮想を切り分けるメタ

ゴーグル型端末に関していえば、アップルよりひと足先に、メタも2023年10月に「Quest 3」を発売しています。

面白いことに、同じゴーグル型端末でも、アップルとメタでは方向性が大きく異なっています。

メタが目指すのは、現実とは切り離されたバーチャルリアリティ（VR）への没入《ぼつにゅう》であり、Quest 3は、ワード（Word）やエクセルなどの仕事に使うアプリも投入されたとはいえ、圧倒的にエンタメに振り切った最先端の遊び道具と表現するのが適切でしょう。

Vision Proのような現実とコンピュータ画面を融合させる「空間コンピュータ」ではな

メタのゴーグル型端末「Quest 3」(写真:AP/アフロ)

く、多種多様なVRゲームを楽しみ、その世界に没入することを目指すのが、メタの方向性です。

現実と仮想空間をシームレスに融合させることを目指すアップルと、没入できるエンタメ空間(=メタバース)を提唱するメタ。ともにビッグテックのゴーグル型端末であるという共通点はありますが、それぞれの方向性は正反対である点に興味深さがあります。

こうした比較からも、**見た目が同じだからといって同じようなものだと思い込んでしまってはトレンドを見誤る危険性がある**、ということをぜひ覚えておきましょう。

ちなみに、CES2023では、主催者のCTAが「Metaverse of Things」という概念を提唱し、メタバース関連のブースが集まったエリアも設《もう》けられました。しかし、CES2024では、メタバース関連の出展は前年ほどの盛り上がりが見られませんでした。これについても、「比較」と「文脈」という「物差し」で見ることが重要でしょう。

大きな驚きはなかった2024年の「Google I/O」

では、具体的なビッグテックの開発者会議の例として、2024年5月14日に行われたGoogle I/Oを挙げましょう。

2024年のGoogle I/Oをひと言で要約するならば、**「オープンAI・マイクロソフト連合に追い付くべく対抗策を発表した生成AIイベント」**といって差《さ》し支《つか》えないでしょう。

グーグルが開発した生成ＡＩ「ジェミニ（Gemini）」をさらに進化させ、Ｇメール、グーグルドキュメント、グーグルスプレッドシートなどの既存のアプリと統合させることで、パフォーマンスの向上をアピール。

ユニークなところでは、ジェミニを利用する有料プランの「Gemini Advanced」に旅行計画機能が導入予定であることが発表されました。これは、旅行の日程、行き先、人数、属性、フライトやホテルなどの情報を入力することで、生成ＡＩが旅行プランを提案してくれるサービスです。

ただ、既存のアプリとの統合は、当然、予想されていたことですし、すでに発表されていた機能を使えば、旅行の計画ができるようになっても、さほど驚きはありません。

キーワード入力だけでなく、画像や音声などでも検索ができる「マルチモーダル（multimodal）検索」も、オープンＡＩが２０２３年にリリースした「GPT-4」ですでに実用化されていたことを考えれば、驚きのあるものではありませんでした。

マルチモーダルＡＩはすでに業界の主流であり、今後もこの領域が進化していくと予想されます。

２０２４年のGoogle I/Oには、そこまでの目新しさは感じられず、想像の範囲内だった、というのが個人的な感想です。加速する生成ＡＩの開発競争の中で、ユーザー数がすでに多く、期待値も高いために、少しでもエラーが起こると批判が殺到してしまうというジレンマと苦闘する姿がうかがえました。

また、発表の多くが、あらかじめ用意されていたと思われる映像で行われたのに対して、引っかかりを覚えました。

リアルタイムのデモではなく、映像だと、本当にその映像と同じように動作するのかどうか、わかりません。

歯切れが悪かったアップルの「WWDC24」

アップルの開発者会議であるWWDCは、2024年は6月10〜14日に開催されました。

次期OSへの取り組みは、映画のようなつくりの映像を使って発表され、スティーブ・ジョブズ氏が存命だった頃は発表イベントでライブ感を重視していたものが、映像を鑑賞するというスタイルに切り替わっています。

iPhoneからApple Watchまで、さまざまなOSの取り組みが発表され、Vision Proの日本発売も発表されましたが、中でも注目だったのが、AIへの取り組みです。

Apple Intelligenceという独自に名付けたAIへの取り組みが発表されましたが、他の競合でもできることが多く、**アップルは独自では生成AIへの取り組みが難しいのではな**

いか、という感想が出てきます。

これまでのチップも活用して、デバイス上でＡＩの機能を実現することは素晴らしいのですが、アンドロイド端末と比べての反応速度は十分なのかという疑問や、現在の半導体はこの進化する時代に十分に使えるのかという疑問は残ります。

次項で紹介する、オープンＡＩのGPT-4o（フォーオー）が年内にＯＳレベルで組み込まれることも発表されましたが、オープンＡＩをリードするアルトマン氏が会場に来場するも登壇はせず、距離感を感じさせました。

このアップルとオープンＡＩとの協業が発表された後、もともとオープンＡＩの創業メンバーであったテスラＣＥＯのイーロン・マスク氏は、「セキュリティ上の理由で社内でのiPhoneの使用を禁止する」「渡してしまったデータをオープンＡＩがどう扱うか、アップルはわかっていない」という激しいコメントを出し、対立の様子をうかがわせます。

同時に、マスク氏はオープンＡＩへの「創業理念からの逸脱」についての２０２４年２月からの訴訟を取り下げており、アルトマン氏とマスク氏の確執《かくしつ》は違う段階へ変化しています。

格段の進歩を見せたオープンAIの「GPT-4o」

Google I/Oが開催された前日に、当てつけるように、オープンAIが新モデル「GPT-4o」を発表しました。こちらは、リアルタイムのデモをライブ配信で発表していました。

GPT-4oの最大の特徴は、音声の反応スピードの速さです。まるで人間同士で会話をしているかのような自然でなめらかな会話が続き、さらに、英語とイタリア語の同時通訳をする様子も披露されて、大いに話題になりました。

従来のタイムラグがなくなったことに加えて、会話の途中で相手（人間）が話し始めたらAIは自分の話をいったんストップする、といったような、いかにも人間らしい対応も見られました。

グーグルとは対照的に驚きの多い発表でしたが、オープンAIにも懸念《けねん》はあります。GPT-4oを発表した翌日に、同社の共同創業者であり、チーフサイエンティストでもあった、イリヤ・サツキバー氏が退任することが発表されたのです。

サツキバー氏は、ChatGPT開発の重要人物であると同時に、高度化する生成AIの危険性に備えて安全対策をするチームのトップでもあり、さらに、2023年のアルトマンCEOの解任騒動劇の関係者でもありました。

新製品リリースの翌日に安全対策チームのトップが退社するというタイミングを考えると、もしかすると、開発競争の激化に伴《ともな》い、オープンAIにおいて安全対策が軽視されている状況が反映されているのかもしれないとも考えられます。

サツキバー氏の他にも、生成AIの性能向上ばかりに注力する方針に批判的だった幹部が相次《あいつ》いで退社したことも明らかにされています。

サツキバー氏と共同でAIの制御をリードしていた、グーグルの関連会社であるディープマインド（DeepMind）出身のヤン・ライケ氏は、安全確保が後回しとなり「限界に達した」として退社し、同じくオープンＡＩから独立した、安全性をより重視するＡＩスタートアップ、アンソロピック（Anthropic）に参画《さんかく》すると発表しています。

スタートアップにとって、事業成長を目指すことは宿命です。

各社が矢継《やつ》ぎ早《ばや》に新製品や性能アップを発表する激流の中にあって、安全対策に力を割《さ》くことは、一面では、成長へのブレーキにもつながりかねません。

しかも、オープンＡＩには、グーグルの広告事業のような、生成ＡＩ以外の収益の柱が十分にありません。

こうした事情が絡《から》み合って、社内にジレンマや困難があることは想像できます。

サツキバー氏らの退任を、その象徴ととらえることもできるでしょう。

このように、**人の動向に目を凝《こ》らすことで見えてくる風景もあります。**

退社や解任のような大きな動きだけではなく、開発者会議のように、トップが公《おおやけ》の場に現れるイベントも同じです。

大々的なイベントの基調講演でCEOが語るのは当然として、それ以外に誰が登壇して語るのか？　そんなワンシーンからも見えてくることがあります。

新製品・新機能だけに目を奪われるのではなく、その背後でどのような人材の移動や台《たい》頭《とう》が起きているのかにも目を配っておきましょう。

PCに焦点を当てるマイクロソフトの戦略

2024年5月に開催されたオープンAIの発表会とGoogle I/Oのわずか1週間後には、マイクロソフトも生成AI向けの新たなPCを開発したことを発表しています。

「Copilot《コパイロット》＋PC」と名付けられたこの新製品の特徴は、生成AIを、クラウド経由だけでなく、PC端末上でも利用できる点です。つまり、**インターネットにつながっていなくても、回線が遅い状態であっても、生成AIを利用できる**ということです。

スマホのOSとして高いシェアを占めているアンドロイド（Android）を持つグーグルに対して、マイクロソフトはPCのOSにおいて、ウインドウズ（Windows）で高いシェアを占めています。だから、マイクロソフトは主戦場をPCにしているのでしょう。

マイクロソフトにとって、PCは仕事のためのツールです。インターネット回線が頼りない状況でも、ストレスなく生成AIを使えるようにして、仕事の生産性を上げる。そんな道具としてのPCを考えた結果、Copilot＋PCという形に到達したのだと考えられます。

エヌビディアのGPUだけでなく、クアルコムのNPUも重要性を増す

Copilot＋PCの要《かなめ》となっているのは、生成AIの深層学習（ディープラーニング）に使われるニューラルネットワークの処理に特化した、NPU（Neural Processing Unit）と呼ばれ

る半導体です。Copilot＋PCに搭載されるＮＰＵは、アメリカのシリコンバレーではなく、その南にあるサンディエゴを本拠地にするクアルコム（Qualcomm）が開発したものが採用されています。

クアルコムはスマホ向け半導体の世界最大手です。過去にはアップルと特許の使用料をめぐって法廷闘争を繰《く》り広げたこともありますが、両社は２０１９年に和解に至りました。

２０２３年末、アップルは、クアルコムからの半導体調達の契約を3年間延長しています。アップルとしては、おそらく忸怩《じくじ》たる思いがありながらも、背に腹は代えられない状況なのではないでしょうか。

生成ＡＩの開発競争が加熱していく中で、クアルコムのような大手半導体メーカーが自分たちの技術力と存在感を訴求《そきゅう》していくのは必然の流れでしょう。

生成ＡＩでは、ＧＰＵ（Graphics Processing Unit）という、高速での並列計算を得意とする半導体を製造するエヌビディアに注目が集まり、時価総額も急成長して上場企業で世界トップにもなりましたが、今後はエヌビディア一強状態の半導体業界に変化が生じるかもしれません。

マイクロソフトが、Copilot＋PC の発表を、あえてオープンＡＩの発表会と切り分けたことの意味も考察してみましょう。

マイクロソフトはオープンＡＩに多額の出資をしていますが、もしかすると、状況次第では、自社の生成ＡＩである「コパイロット」のブランディングを確立させた後、オープンＡＩとの提携を縮小する思惑《おもわく》があるのかもしれません。

競争が激しい分野だけに、人の移動と流出、組織間の関係性は、今後もめまぐるしく移り変わっていくため、常に情報をアップデートし続ける必要があります。

テーマ別・注目すべき最新テクノロジーの動向

【生成AI】――注目を集める「GOMA」とは何か？

ここで、生成AIの開発競争をしている各社の関係を概観《がいかん》しておきましょう。

「はじめに」で触れたように、ChatGPTの登場を契機に、テック業界のパワーバランスに変化が生じつつあります。

これまでGAFAMの牙城《がじょう》だったテック業界の勢力図が、一部、GAFAMと重複しますが、「GOMA」と呼ばれる4社によって、書き変えられつつあるのです。

ＧＯＭＡとは、グーグル、オープンＡＩ、マイクロソフト、そして、アンソロピックの頭文字を取ったもので、生成ＡＩの開発競争で特にカギを握るといわれている企業です。

非営利の研究機関として設立され、マイクロソフトと組んだ「オープンＡＩ」

ChatGPTの衝撃によって一躍《いちやく》その名が世界に知られたオープンＡＩは、もともとイーロン・マスク氏らが２０１５年に設立した非営利の研究機関でした。

２０１２年、マスク氏は、ＡＩの開発会社「ディープマインド」の共同創業者であるデミス・ハサビス氏と出会います。ディープマインドは、その４年後の２０１６年に、人間のトップ棋士・李《イ》世《セ》乭《ドル》氏に勝利したことで世界的注目を集めた「アルファ碁《ご》（AlphaGo）」を開発することになる企業です。

ハサビス氏から、「ＡＩは人類の脅威にもなり得る」と聞かされたマスク氏は、ディープマインドの仕事をチェックするため、出資することを決めました。

その後、グーグルの共同創業者であるラリー・ペイジ氏にディープマインドのことを話し、人類の脅威にもなり得るというリスクについても話しましたが、ペイジ氏は取り合いませんでした。しかし、一方で２０１４年に、グーグルはディープマインドを買収します。

そこでマスク氏は、グーグルによるＡＩ支配に抵抗する策を考えます。その結果、マスク氏がアルトマン氏らとともに設立したのが、オープンＡＩです。いわば、ディープマインドのアンチテーゼ（対立命題）として生まれました。

しかし、生成ＡＩの開発には多額の費用がかかります。大雑把《おおざっぱ》にいうと、パラメータ（変数）を増やすと生成ＡＩの性能が向上するのですが、そうすると処理のためにより高性能なハードウェアが必要になったり、より大きな容量のメモリが必要になったりするのです。

生成AIで注目される「GOMA」

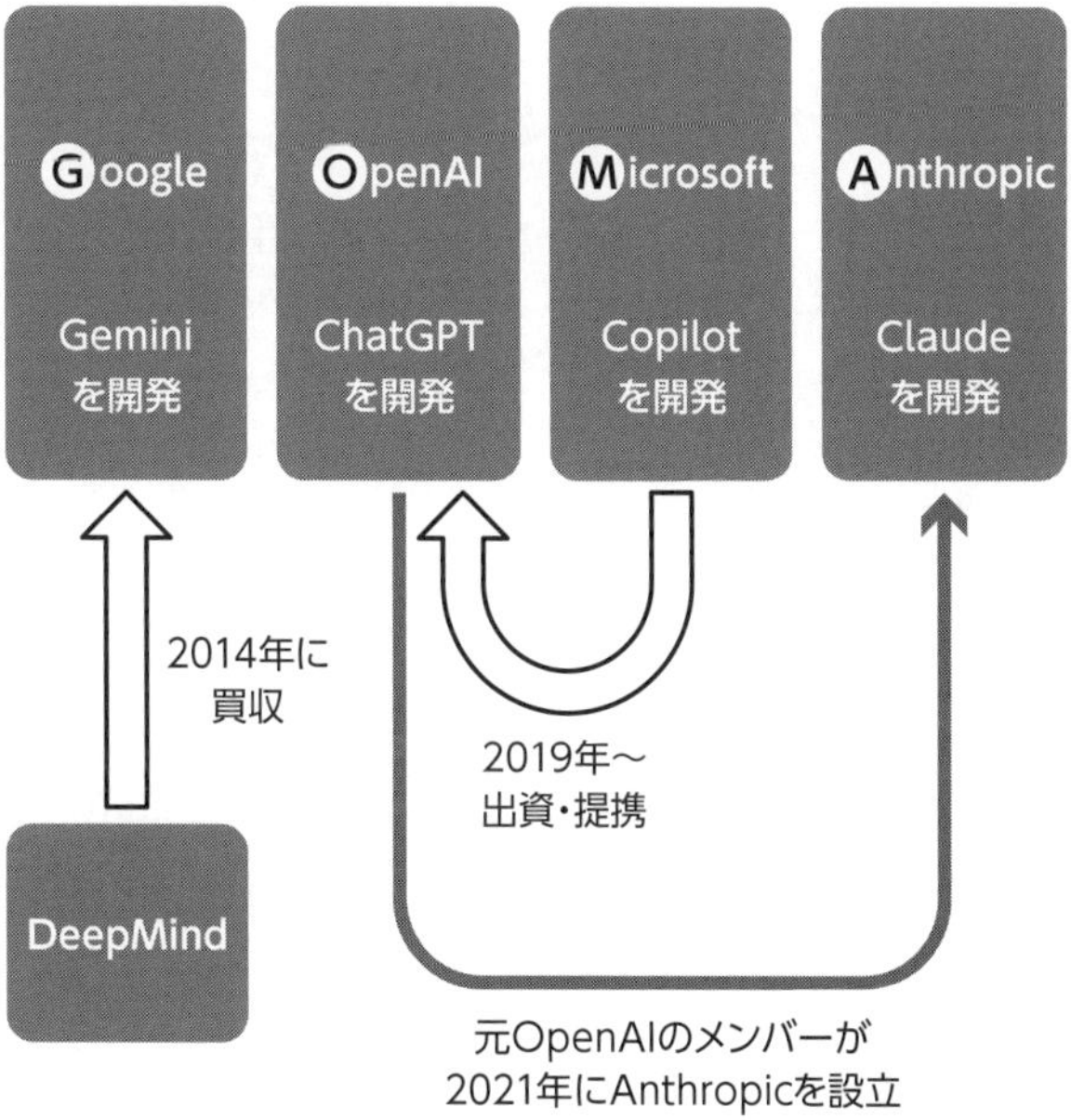

そのため、非営利組織だったはずのオープンＡＩは、営利事業へと舵《かじ》を切ります。その路線変更に反対したマスク氏は、オープンＡＩをテスラの傘下に入れようとして反発を買い、２０１８年にオープンＡＩを去りました。

その後、オープンＡＩは、マイクロソフトから出資を受ける道を選択することになります。

マイクロソフトは、他のメガテックに比べて、ＡＩ開発で後れを取っていました。そこで、オープンＡＩの技術に目をつけ、２０１９年から同社に大規模な出資をしたのです。オープンＡＩの技術を導入したマイクロソフトは、生成ＡＩ「コパイロット」を開発します。業務ソフト「オフィス（Office）」やＯＳのウインドウズにコパイロットを組み込むことによって、現時点では、仕事の生産性向上という市場において優位性を得ています。

猛追するグーグル、安全性重視のアンソロピック

一方、ディープマインドを買収したグーグルは、生成ＡＩにおいて、オープンＡＩが開発したChatGPTに、世間の関心を引くことに関して先を越された形となりました。

そもそも、生成ＡＩが急激に進化するきっかけとなった「トランスフォーマー」という深層学習モデルは、グーグルの研究者らが「Attention Is All You Need」という論文で発表したものです。しかし、すでに広告事業を中核として巨大になっていたグーグルは、未熟な状態の生成ＡＩを公開し、その生成ＡＩが間違った回答をするなどして自社の信用を毀損《きそん》することになるのを懸念して、慎重になっていたのです。

ところが、ChatGPTが急速にユーザー数を拡大したことを受けて、一転、２０２３年以降は生成ＡＩ開発に本腰《ほんごし》を入れています。先述したように、生成ＡＩ「ジェミニ（旧称はバード〈Bard〉）」を改良し、Ｇメールやグーグルドキュメントなどに実装することで、オ

ープンＡＩやマイクロソフトを猛追《もうつい》しています。

グーグルの強みは、スマホなどに使われているＯＳ「アンドロイド」を持っていることです。すでに、２０２３年に発売された自社製品のスマホ「Pixel 8 Pro」には、ジェミニ・ナノ（Gemini Nano／ジェミニのモデルの一つ）が搭載されています。画面の下を長押しするなどして機能を呼び起こし、画面上に表示されているものを解析するなど、これまでのアシスタント機能以上の機能を使うことができます。

アンソロピックは、２０２１年にオープンＡＩから分離したスタートアップです。オープンＡＩの元メンバーであるダリオ・アモディ氏（当時37歳、現在40歳）とダニエラ・アモディ氏（当時33歳、現在36歳）の兄妹が立ち上げ、責任あるＡＩの使用を企業理念に掲げているのが特色です。

アンソロピックは「クロード（Claude）」という生成ＡＩを開発しており、オープンＡＩの生成ＡＩよりも安価で安全性を重視している点を強みに、韓国のＳＫテレコム（SK

Telecom）など、大企業との提携を着々と増やしています。

グーグルやアマゾンとも提携。アマゾンはクラウドサービス世界最大手のＡＷＳ（Amazon Web Services）を運営しており、その生成ＡＩプラットフォーム「Amazon Bedrock」でクロードを使ったサービスを提供しています。

このように、ＧＯＭＡ４社が、それぞれに重なる領域を持ちながらも、独自の哲学を打ち出しつつ、生成ＡＩ開発競争のトップ争いをするようになった背景には、各社の人材が入れ替わり、思惑が複雑に入り組んだ経緯があるのです。

現時点では仕事の効率化において優位に立っているマイクロソフトですが、アンソロピックのクロードがＡＷＳとともに多くの企業に導入されていき、勢力図が激変する可能性も大いにあります。

先述したように、マイクロソフトとオープンＡＩの蜜月《みつげつ》関係も、いつまでも続くとは限りません。

また、これも先に触れましたが、オープンAIでは、2023年にアルトマンCEOの解任と復帰《ふっき》が突然起こりました。スタートアップでは起こりがちなことではありますが、組織として不安定であることは前提にしなければなりません。

xAI、メタ……。目まぐるしく状況が変わる生成AI開発競争

オープンAIを離れたマスク氏は、2023年に新会社「xAI」を設立し、「グロック（Grok）」という生成AIサービスを開始しています。2024年5月には、60億ドルという巨額の資金調達をしたことが報じられました。

同月には、マスク氏が買収したX（旧称ツイッター〈Twitter〉）の有料ユーザーが、X上でグロックを使えるようになりました。

ただ、GOMAに追随する企業として、筆者はxAIだけではなく、メタにも注目して

います。

メタは「ラマ3（Llama 3）」という生成ＡＩをオープンソース化しており、原則無償で商用利用できるようにしています。これにより、ラマ3を使ったサービスが急速に増える可能性があります。

これは、先行していたアップルのiPhoneに追い付くため、グーグルが携帯電話ＯＳのアンドロイドを他社に提供した構図に似ています。グーグルの場合は、アップルが携帯電話というハードウェアから主な利益を得ていたの対して、主な収益源が広告なので、他社と連携する戦略を取れたといえるでしょう。

この戦略が、生成ＡＩにおけるオープンソースでも、学習効率などのスケールメリットがある形で通用するかは、時が経てばわかることでしょう。

また、自社サービスであるフェイスブックやインスタグラム（Instagram）、メッセンジャー（Messenger）、ワッツアップ（WhatsApp）に、自社の生成ＡＩ「メタＡＩ（Meta AI）」の搭載を始めています。

自社のモバイル（iPhone）とPC（マック）のOSを持つアップルも、それら端末の情報を活用することで、生成AI領域にさらに乗り出していくでしょう。

生成AIのエンジニアたちは、そのスキルを武器に、自分たちが仕事をしやすい場や、自分の価値観、ミッションが達成しやすい場へと、所属する組織をどんどん変えていきます。

現状、生成AIは多額の資金を集められる領域なので、資金が調達でき、高額な計算環境を整えることができれば、大企業に所属している必要性もありません。今後、スタートアップが急増する一方で、より魅力的なビジョンを掲げ、より働きやすい環境を提供する企業が、より優秀なエンジニアたちを集めて急成長する可能性もあります。

また、これまでは資金を投じてパラメータの多い生成AIを開発する競争が進んできましたが、これからもその延長線上で、資金を投じれば生成AIの性能が上がり続けるかどうかはわかりません。

パラメータを増やさなくても高い性能を出せる生成AIの開発競争も、一方で進むでしょう。

このように各社の動向は目まぐるしく変わりますが、ひとまずはGOMAの動きを押さえておくだけでも、生成AI周辺の動きを理解するきっかけは得られるはずです。

これからは、当面、生成AIがテック業界を根底から変化させていく可能性が見込まれます。

独自のNPU開発で8000万ドルを調達。韓国のスタートアップも存在感を発揮

アメリカが開発のトップを走る生成AI領域で、日本の隣の韓国がどう戦おうとしているのかも、ぜひ参照しておきましょう。

２０２３年、社員がChatGPTに機密情報をアップロードし、誤って流出させたことから、生成ＡＩの使用を禁止したサムスン電子は、独自の生成ＡＩを開発しています。

２０２３年11月に開催された同社主催によるイベント「Samsung AI Forum 2023」で、「サムスンガウス（Samsung Gauss）」という生成ＡＩを発表。２０２４年には自社のモバイル端末である「ギャラクシー（Galaxy）」の最新モデルに搭載する可能性を示唆《しさ》しました。

スタートアップも勢いを増しています。

２０２４年5月には、ＮＰＵを開発する韓国のスタートアップ「ディープエックス（DEEPX）」が８０００万ドルの資金調達を行って注目を集めました。ディープエックスの創業者であるキム・ロクォン氏は、かつてアップルで働いていたという経歴の持ち主です。

８０００万ドルの資金調達を主導したスカイレイク・エクイティ・パートナーズ（SkyLake Equity Partners）は、サムスン電子社長や政府の情報通信部長官（大臣）を歴任した、「ミスター・半導体」と呼ばれる陳《チン》大《デ》済《ジェ》氏が創業した企業です。

自国内で生成ＡＩに使う半導体を開発し、搭載する端末を用意し、スタートアップに資金を注《そそ》ぎ込む。

半導体をめぐる国際的緊張が依然として高まっている中で、アメリカに依存せず、自国内でエコシステムを築き上げようとする韓国の打ち手は、非常に有効といえるでしょう。経済安全保障の観点から意味があるだけでなく、自分たちにコントロールできる余地がある点も重要です。

経済の低迷が影響し、伸び悩んでいる中国も、生成ＡＩの開発に力を入れていますが、韓国も追い上げようとしています。

インターネットに出した情報はすべて生成ＡＩに使われる可能性がある

このように生成ＡＩの開発競争のスピードが加速すると、オープンＡＩを離れたサツキバー氏が危惧《きぐ》するように、生成ＡＩの安全性確保、そのための法整備は、とうてい追い付かないのが実情です。

ひとたび、インターネット上で写真やイラスト、音声、映像などを公開すると、すべて、自分が知らないうちに生成ＡＩの学習に使われてしまう可能性があると考えておいたほうがいいでしょう。

生成ＡＩを悪用した「ディープフェイク」の動画はすでに大量に出回っており、大統領選挙のような、国の行く末を大きく左右する事柄《ことがら》にも多大な影響を及ぼしかねません。

新しいテクノロジーを試すことは有意義ですが、情報の流出とセキュリティ意識に関しては、慎重さをさらに心がけなければならない時代になっています。

生成ＡＩ規制の法整備が進むヨーロッパ。しかし、各国の足並みを揃えるのは困難

生成ＡＩに関する法整備はＥＵ（欧州連合）が先陣を切っており、世界初となる、生成ＡＩの開発や利用を包括的《ほうかつてき》に規制する法律を、２０２４年5月に成立させました。

しかし、現実を見ると、生成ＡＩの開発競争においてはアメリカが圧倒的な存在感を見せており、いくらヨーロッパでＡＩ規制が進もうとも、開発の中心であるアメリカで規制が進まなければ、抑止力は限定的です。各国の足並みを揃《そろ》え、世界基準の法律を整えるまでには、まだ時間がかかるでしょう。

ヨーロッパで展開する日本企業もＥＵの法律への対応を迫られる可能性が高いですが、生成ＡＩ開発について後手《ごて》に回っている日本としては、多くの懸念が生じるでしょう。２０２３年5月に開催されたＧ７広島サミットの結果を踏まえて作られた「広島ＡＩプロセス」は包括的な内容ではありますが、どこまで実効性があるものになるのかを注視しなければなりません。

生成AIはバブルの真っ只中か？日本企業は、どう向き合うべきか？

さて、盛り上がりが続く生成ＡＩですが、この状況はバブルなのでしょうか？

オープンＡＩのアルトマンＣＥＯが、独自の半導体開発のために、最大１０００兆円もの資金調達を計画しているという報道もありました。

生成ＡＩに資金が集まる理由の一つは、生成ＡＩはあらゆるデジタル端末に搭載できるので、**市場規模が非常に大きく見える**からです。つまり、大きな投資をしても、それを超えるビジネスインパクトやリターンが期待できると、投資家たちは考えているわけです。

グーグルが主に拡大してきた検索という市場は、最初は過小評価されていましたが、後に時価総額が１００兆円を超える企業に育ったことと同様で、生成ＡＩが、将来、多くの人たちの日常になくてはならないものになる可能性があると見込んでいるがゆえに、資金が集まっています。

アメリカでは、金利が上昇したため、リスクの高いベンチャーへの投資や、投資をするためのファンドの資金調達が、相対的に控《ひか》えられる傾向にあります。無リスクで一定のリターンを得ることができるならば、中規模のリターンが見込まれるベンチャー投資の妙《みょう》味《み》は相対的に下がります。

一方で、生成ＡＩに関するベンチャー投資においては、より大きなリターンが見込める可能性があるため、資金が集中している状況です。

しかし、ビジネスでは、「ウィナー・テイクス・オール（Winner takes all）」、すなわち、勝者総《そう》取《ど》りがしばしば起こります。

どれだけ将来性と成長性があろうとも、全員が儲《もう》かるわけではない。それでも、無関係のままでいれば早々に淘汰《とうた》されていく。勝てるのはひと握りの勝者だけ。

だからこそ、優位性を保ち続けるべく、歩みを止めるわけにはいかない。勝者にさえなれれば、世界を変えられるかもしれない。
トップランナー争いを繰り広げるＧＯＭＡが置かれているのは、このような切実な状況です。

10年後に振り返ってみれば、まさにいまこそが、世界中が極度の興奮状態に陥《おちい》っているバブルの状態なのかもしれません。

有名なのは、２０００年代に1年半で70％以上株価が暴落するケースが出るなどしたインターネット・ＩＴバブルの崩壊ですが、近年では、２０２１年に起こったサブスクリプション型のＳａａＳ（Software as a Service）のバブルの崩壊もありました。

コロナ禍で需要が増えた時世を反映し、ひたすらに資金調達を繰り返して急成長していたＳａａＳ市場でしたが、バブルがはじけて冬の時代に突入したといわれます。

同様に、生成ＡＩも、よく理解されないままに「乗り遅れてはいけない」という投資家の感情で投資が過剰になり、実際の売上が追い付かずにバブルが崩壊する可能性もあるでしょう。ただ、その中を勝ち残った、極《ごく》少ない生成ＡＩの導入は進むでしょう。

かつて、ウインドウズとMac OS（現macOS）が繰り広げたOS開発競争に日本企業が入り込めなかったのと同様に、これから日本企業が国産の生成AIを開発し、GOMAらの競争に食い込んで勝てるかといえば、可能性は低いでしょう。

であるならば、選ぶべき道はただ一つ。**生成AIを、自分たちが培《つちか》ってきた強みとどう掛《か》け合わせて活用していくか**を考えるしかありません。

経営陣がそのビジョンをどれだけ具体的に描けるか。それが、組織としての生き残りを賭《か》けた勝負の岐路《きろ》になるはずです。

【創薬】――生成AIの活用で新薬が次々と!?

ここまでは、最先端テクノロジーの中でも、最も大きなトレンドの渦《うず》になっている生成AIを中心に述べてきました。

生成ＡＩの急速な進化は、他の業界にも多大な影響を与えています。例えば、創薬の領域です。

グーグル・ディープマインド（Google DeepMind）が開発した「アルファフォールド（AlphaFold）」は、高い予測精度を誇る生成ＡＩとして、創薬の世界に革命をもたらしました。２０１８年にバージョン1、２０２０年にバージョン2が発表されています。

数多くのアミノ酸がつながってできている、体内に存在するタンパク質は、自然と折りたたまれて、複雑な形をしています。アミノ酸の配列がわかっていても、立体的にどうなっているかがわからなければ、薬による化学反応を起こすには不十分です。

3次元構造を分析するために、従来は多大なコストがかかっていたのですが、大量のデータを処理・分析できるアルファフォールドの登場によって、高精度で予測できるようになりました。そのため、病気の治療薬の開発、薬物の標的の特定など、医療業界のさまざまな領域に多大な貢献を果たしたのです。

生成ＡＩの進歩によって、医療の可能性が一気に引き上げられたといっても過言ではないでしょう。

グーグル・ディープマインドは、２０２４年には後継《こうけい》モデルにあたる「アルファフォールド３」を発表。さらに精度と解析速度を向上させただけでなく、タンパク質に限定されていた予測の範囲を、タンパク質と他の分子の相互作用にまで広げています。

生成ＡＩの高度な分析力をもとにした分子構造の予測や組み合わせの提案は、創薬以外の領域でも活用できます。既存の素材を組み合わせることによって、プラスチックよりも強固で安全性が高く、環境に優しいエコフレンドリーな新素材が開発される。そんな日もそう遠くないでしょう。

研究者たちが何年もかけて必死に試行錯誤してきたことが、生成ＡＩの能力によって、短期間、ローコストでできるようになるでしょう。

現在はグーグル・ディープマインドの独走状態に見えますが、今後、材料科学の領域では、各素材の特性を学習した独自のＡＩの開発が進んでいくかもしれません。

【ヘルスケア】——
生成ＡＩの画像・音声認識で質が向上

また、生成ＡＩの画像や音声の認識能力が向上したことによって、これまでは拾えなかった病気のシグナルを拾えるようになり、それによってヘルスケアの質が向上する可能性も大いにあります。

レントゲン写真の読影《どくえい》など、人間の医師がしている診断をＡＩが行うことは、すでに実用化が進んでいますが、人間が気付いていなかった病気のシグナルを、生成ＡＩが発見するかもしれません。

例えば、あなたがゴホゴホと咳《せき》をしたとしましょう。そのとき、周囲にある音声認識機能を持つ何らかのデバイスに搭載された生成ＡＩが、「この咳は○○ウイルスに感染したときに特有の特徴を持っています」などと分析し、診察の提案、さらに進めば病院の予約すらも自動で行ってくれる未来がやってくるかもしれません。

　さらに進んで、生成ＡＩが診断まで行ってくれるようになれば、病院や医師の負担も減らせるでしょう。

　同じように、画像認識能力を備えたデバイスを使って、皮膚などの状態や動作の様子から生成ＡＩが健康状態を分析し、診察の提案や医療へのアクセスを促《うなが》せるようになるかもしれません。

　また、日常生活においても、「猫背になっています。姿勢を意識しましょう」などと提案をしてくれるようになるかもしれません。

　そうした機能を実現できるデバイスが、時計型になるのか、それとも指輪型になるのか、ということはまだわかりませんが、いずれにせよ、**画像・音声認識によって集めたデータを組み合わせることによって、病気の早期発見や健康維持に役立つようになる**でしょう。

医療・介護業界だけの話に思われるかもしれませんが、顧客が健康であることが自社の収益につながる保険会社にとっても、このような技術革新がビジネスモデルに組み込まれる可能性があります。

【ヒト型ロボット】──人間ができる作業は、ほぼできるように

生成ＡＩの性能の向上によって、ヒト型ロボットの開発にも大きな飛躍《ひやく》のタイミングが訪れつつあります。

テスラやエヌビディア、アマゾン、そして、ロボットとは無縁に見えるディズニーなど、大手企業が続々とヒト型ロボット（ヒューマノイド）開発に乗り出しています。

テスラのヒト型ロボット「オプティマス」(写真：AP/アフロ)

人間のように手足を持ち、二足歩行ができるロボット開発の先駆《さきが》けは、アメリカのスタートアップ、ボストン・ダイナミクス(Boston Dynamics)の「アトラス(Atlas)」でしょう。

アトラスは、二足歩行で軽々とステップを登ったり、宙返りをしたりと、アクロバティックな動きをし、その動画が公開されるたびに話題を集めてきました。

しかし、いま進化しているのは、身体能力ではなく、「脳」です。

生成AIを利用して、人間のように、ものを見て判断し、処理する能力を備えたヒト型ロボットの開発が進んでいるのです。

例えば、テスラが開発したヒト型ロボット

「オプティマス（Optimus）」は、植物に水やりをしたり、オフィスで段ボールを運んだりする作業ができます。

人間がプログラムした通りに動くわけではなく、目にあたるカメラやセンサーで「見た」ものを画像認識技術で識別し、「これは植え木だから水をあげなければならない」「水はあそこから運べばいい」などと、生成ＡＩで判断して実行するのです。

スマートスピーカーに「アレクサ、今日の天気は？」と話しかければ応答してくれるように、自然言語処理による音声入力機能の精度が高まれば、ロボットと人間が協働する未来は近くなります。

人間は1日に8時間ほどしか働けませんが、ロボットであれば24時間、疲弊《ひへい》することなく正確に作業を続けることができます。電気は必要ですが、バッテリーが切れそうになったら自ら充電スペースに歩いて向かい、フルチャージが完了したら再び作業に戻る、ということも可能でしょう。

テスラは、早ければ2025年にはオプティマスの出荷《しゅっか》を開始できると発表していますので、ぜひ続報をフォローしてみてください。

人間の宇宙飛行士を育成するよりも、宇宙ロボットを開発したほうがいい!?

ヒト型ロボットの開発が進めば、建設のような、重労働や危険を伴う作業は、人間ではなくロボットが担う領域になるでしょう。自然災害が起きた地域や事故現場での捜索《そうさく》や救助、瓦礫《がれき》や危険物の除去などに特化したヒト型ロボットの開発も進んでいます。

宇宙飛行士が果たしている役割も、いずれはロボットが行えるようになるかもしれません。

すでにNASA（アメリカ航空宇宙局）は、ロボット開発を手がけるアプトロニック（Apptronik）と提携し、月面・火星探査のためのヒト型ロボット「アポロ（Apollo）」の共同開発を進めています。

また、日本からも、GITAIというスタートアップが日本を飛び出してロサンゼルに進出し、主要メンバーがアメリカの永住権を獲得して、アメリカ国防総省からの案件を受注しながら、国際宇宙ステーションでの作業などが行えるロボットを開発しています。


高度な専門知識とストレス耐性のある健康な心身、語学力、チームを円滑《えんかつ》に運営するためのコミュニケーション能力を備えた人材を選抜《せんばつ》し、長い訓練を行って宇宙飛行士を育成する作業には、多大な時間とコストを要します。

自律性の高い宇宙用のロボットが開発され、量産体制が整えば、宇宙開発のコストは下がるでしょう。

月や火星を探査するときも、ロボットであれば、人間には必要な加圧スーツも酸素供給システムも不要です。

BYDのEV「ドルフィン」(写真：つのだよしお/アフロ)

【EV】——テスラから販売台数世界一を奪ったBYD

世界各国がガソリン車からEVへの転換を進める政策を掲げる中、EVの開発競争も激しさを増しています。

2018年1~3月期以降、世界のEV販売台数で首位を維持してきたのは、テスラでした。ところが、2023年10~12月期に、中国のBYDに首位を奪われました。

BYDは、2023年に日本市場にも進出しました。有名人を活用したテレビCMをご覧になったことがある方も多いでしょう。

BYDの強みの一つは、価格を安く抑えられていることです。EVの部品の中で最も高いのはバッテリーです。BYDはもともと1995年にバッテリーメーカーとして創業したので、バッテリーを外部から調達する他のEVメーカーよりも、規模のメリットで、安くEVを製造できるのです。

一方、テスラは、CATL（中国）やLGエナジーソリューション、パナソニックの他、BYDからもバッテリーを調達し、高級なEVを製造しています。

ただ、バッテリーの内製化も進めており、価格競争に過度に巻き込まれない形で、今後は低価格帯にも進出するかもしれません。

日本メーカーも、日産は2010年から「リーフ」を販売していますし、前述したソニー・ホンダモビリティのアフィーラなど、最新のEVの開発も進めていますが、世界的に見ると、かなり立ち遅れています。

２０２３年のＥＶの世界シェアで、日本メーカーで最上位なのは日産・三菱自動車・ルノー連合の10位で、トヨタグループは24位、ホンダは28位となっています。

ＢＹＤのように、バッテリーメーカーがＥＶを開発してうまくいっている例も、日本では見られません。

一時期、ＥＶは構造が簡単なので、既存の自動車メーカー以外が続々と参入するだろうといわれていましたが、いまのところ、世界販売台数で上位に入っているのは、ＢＹＤとテスラ以外は、ガソリン車も製造している既存の自動車メーカーが多いです。実際にやってみると、コストが見合う形での車体の製造は簡単なことではなかった、ということでしょう。ドライヤーで有名なダイソンも、ＥＶの開発を計画していましたが、採算が合わないということで、２０１９年に中止したと報道されています。

現状では自動車販売台数世界一のトヨタは、ＥＶだけでなく、水素自動車やハイブリッド車などにも開発リソースを割く「全方位戦略」を取っていますが、２０２３年にＥＶ事業の専任組織「ＢＥＶファクトリー」を立ち上げました。トップは、ＢＹＤとの合弁会社「ＢＴＥＴ」に出向していた人物です。

ＥＶ時代に日本が「自動車大国」であり続けられるかどうか、引き続き注目すべきでしょう。

【量子コンピュータ】――「どんな問題でも速く計算できる」というわけではない

量子コンピュータも注目が高まっている分野です。

アメリカの調査会社ＣＢインサイツによると、量子コンピュータ分野のスタートアップによる２０２３年のエクイティ調達（新株発行による資金調達）額は13億ドルで、過去最高となりました。

量子コンピュータというと、「ものすごく計算が速いコンピュータ」というイメージを持っている方が多いのではないかと思います。

私たちが普段使っているコンピュータ（量子コンピュータに対して「古典コンピュータ」と呼びます）が、0と1が並んだデジタルで情報を処理していることは、皆さん、ご存じだと思います。

この0や1の一つずつを「ビット（古典ビット）」と呼びます。コンピュータ（CPU）の性能として、16ビットや32ビットなどという数字を聞いたことがあると思いますが、例えば16ビットだと、0や1が16桁《けた》並んでいて、2の16乗（＝6万5536）個の情報を表現できる、というイメージです。

一方、量子コンピュータでは、一つずつのビット（量子ビット）に、0と1を重ね合わせることができます。デジタルではなく、アナログなのです。

そのため、16量子ビットだと、2の16乗個の状態を同時に計算し、重ね合わせた結果を出すことができます。

こうした特性があるため、理論的に、量子コンピュータのほうが古典コンピュータよりも速く解ける問題があります。

例えば、素因数分解です。

現在、広く使われている暗号は、古典コンピュータでは桁数の大きな数字の素因数分解に膨大な時間がかかり、事実上、解けないのと同じだということを利用しているので、量子コンピュータが実用化されると、無効化されることになります。そのため、次世代の暗号も開発されています。

他には、分子の挙動のシミュレートなども、量子コンピュータのほうが早く計算できます。

しかし、**どんな問題でも、量子コンピュータのほうが古典コンピュータよりも速く解けるわけではありません。**

2019年にグーグルの量子コンピュータが「量子超越性」を実現したというニュース

が話題になりました。つまり、古典コンピュータでは現実的な時間では解けない問題を解いたということですが、このときに解いた問題も、量子コンピュータが得意とする特殊な問題でした。グーグルCEOのスンダー・ピチャイ氏は最初の宇宙ロケット並の成果と主張し、IBMの研究者は計算の仕方に反論するという構図も発生しました。

「量子コンピュータでなければ」という実用的な問題が見つかるかどうか

ということは、量子コンピュータが実用化されても、スーパーコンピュータなどの性能の高い古典コンピュータや、それを使った生成AIで事足りる分野では、よほどコストが下がるなどしないと、実際には使われない可能性もあります。

いまのところ、量子コンピュータの使い方として考えられているのは、新素材など、新しい化合物の探索や、金融におけるポートフォリオの最適化、製造・流通における人員配置の最適化などですが、**量子コンピュータでなければできない、実用的で継続的な使い道**

が見つかるかどうかが、今後を左右するでしょう。

同様のことは、ビル・ゲイツ氏らも出資したということで、一部で注目が高まっている核融合発電についてもいえます。

技術的に核融合発電が実用化されたとしても、それが普及し、ビジネスとして成立するかどうかは、他の発電方法ではなく、核融合発電を選ばなければならない理由があるかどうかにかかっています。

生成ＡＩへの影響はどうでしょうか？

もし理論的に生成ＡＩの性能を上げられるとしても、量子コンピュータを使った生成ＡＩが登場するのは、かなり先になるでしょう。生成ＡＩは大量のデータを扱いますが、量子コンピュータが大量のデータを扱えるようになる見込みは、まだ立っていないからです。

エラー訂正や量子ビットの実現など、実用化へのハードルはまだ高い

特殊な問題についてとはいえ、量子コンピュータが量子超越性を実現してから5年ほど経つのに、なかなか実用化が進んでいないのは、越えなければならない技術的なハードルがまだまだあるからでもあります。

その一つが、エラーが発生することです。

デジタルと違い、アナログコンピュータには、ノイズに弱いという弱点があります。量子コンピュータもアナログコンピュータなので、ノイズに弱く、エラーが多く発生します。そこで、そのエラーを訂正する必要があるのですが、このエラー訂正の技術が未確立なのです。

現在、一部で実用化されるなどして、研究が進んでいるのは、「ノイズあり小中規模量

子コンピュータ（NISQ）」と呼ばれるもので、古典コンピュータを併用《へいよう》するなどしてエラーに対応しています。

そして、現状では、古典コンピュータでは事足りない、NISQならではの実用的な用途は見つかっていません。

また、量子ビットをハードウェアに実現する方法としてさまざまなものの研究が進められていますが、超伝導方式だとほぼ絶対0度（摂氏マイナス273・15度）まで冷却しなければならないなど、実用化に向けての課題が多く残っています。

ただ、何かしらかの状況が起こって、量子コンピュータでなければ解けない問題の重要性が高まれば、ブレイクスルーが起きる可能性はあるかもしれません。

新型コロナウイルス感染症の世界的流行を受けて、mRNAワクチンが急ピッチで開発・生産されたことは記憶に新しいでしょう。

mRNAワクチンの研究開発はコロナ禍で突然始まったものではなく、コンセプト自体は1990年代からありました。2010年代には臨床試験が行われる段階、つまり、実用化まであと一歩の段階にありました。それを最終的に後押ししたのが、新型コロナウイルスだったのです。

量子コンピュータについても、長年の研究の蓄積が日の目を見るかどうかは、未知数です。

【コンテンツ産業】――日本の強みをテクノロジーで世界へ

生成AIでもEVでも、残念ながら日本は世界から立ち遅れています。量子コンピュータでも、開発の初期にはキーパーソンとなった日本人がいましたが、現状では、日本国内がリードできている領域は少ないです。

では、日本が世界に勝てるのは、どの領域なのか？

筆者は、コンテンツ産業だと考えています。

日本が世界に誇れるコンテンツ産業の成長を後押しするテクノロジーの可能性について見ていきましょう。


「マンガに特化したローカライズ支援ツール」を開発する国内のスタートアップ「オレンジ」が、2024年5月に29億円の資金調達を実施しました。

2021年創業の同社は、マンガ独自のセリフや効果音の文字情報を自動解析し、日本語の書き文字などを削除、各国の言語に翻訳して再配置する機能によって、マンガ翻訳のプロセスを大幅に自動化したシステムを開発しています。現段階では、微妙なニュアンスの確認など、仕上げに人間のチェックが必要ですが、自動化によって翻訳できるマンガの点数が飛躍的に増えることが予想されます。

すでに2024年3月にアメリカ法人の設立を完了させており、翻訳作品を広めるプラットフォームとしての電子マンガストアもローンチ予定です。

マンガ、アニメ、小説、ゲームなど、コンテンツ産業と呼ばれる作品のコアにあるのは物語です。ARやVRなど、表現の方法が増えても、コアにあるのは物語であり、その価値を最大化させることを考えるのであれば、物語を他言語に翻訳するというオレンジの方向性は正しいといえるでしょう。

翻訳だけに留まらず、いずれはキャラクター設定やあらすじの作成、物語の展開まで、生成AIをうまく活用した2次創作のようなローカライズ作品も生まれるかもしれません。

コンテンツ単体だけではなく、エコシステムを作ることが重要

では、コンテンツを生み出す出版社や映画会社、放送局などが単独で日本経済を牽引できるかというと、業界のしがらみなどもあり、テクノロジーの取り込みなどでスピード感

が欠ける状態になるでしょう。

グローバルに活躍する日本企業の中で、その大役《たいやく》を背負えるのはどこかと考えると、おそらくソニーグループなどではないでしょうか。


ウォークマン、プレイステーション、VAIOなど、ソニーグループはエレクトロニクスの世界で多くのヒット作を生み出してきました。ハードウェアのヒットによって支えられてきた会社といってもいいでしょう。

一方で、アメリカのCBSのレコード部門を買収したり（現ソニー・ミュージックエンタテインメント）、コロンビア・ピクチャーズを買収したり（現ソニー・ピクチャーズエンタテインメント）と、コンテンツ産業にも進出してきました。プレイステーションを開発したソニー・コンピュータエンタテインメント（現ソニー・インタラクティブエンタテインメント）も、ゲームのソフトウェアの開発もしています。

ハードウェアを「コンテンツを届けるための手段・箱」と位置付け、ハードウェアとソフトウェアを融合させる、つまり、ハードウェアとコンテンツのエコシステムの構築を行ってきたのが、ソニーグループなのです。

2024年5月にも、ソニー・ピクチャーズエンタテインメントと投資会社が、アメリカのメディア大手であるパラマウント・グローバル（Paramount Global）に対して買収を提案したことが報じられました。

実現可能性は薄れたと報道されましたが、**コンテンツのプロであるパラマウントの力を借りることで、良質な作品をさらに制作し、自分たちが作った最高のデバイスで消費者に感動を届ける。**これがソニーグループの進もうとしている方向性ではないでしょうか。

現在の日本企業の中で、このポジションを狙える可能性があるのは、ソニーグループなど、極わずかな企業しかないでしょう。

2024年5月の経営方針説明会では、アニメ事業を強化する考えも示しました。

ソニー・ミュージックエンタテインメントの傘下にはアニメの企画などを行うアニプレックスがあり、さらにその傘下にはアニメ制作会社などもあります。

コンテンツをただ送り出すだけの勝負では、いくらそれが優れていても、日本企業が勝てる見込みは極めて低いでしょう。ハリウッドがあるアメリカも、韓流《はんりゅう》ドラマがある韓国も、非常に強力な競合です。

ネットフリックス（Netflix）など、配信プラットフォームを持つ企業も、良質なコンテンツを制作しています。逆に、ディズニーは、コンテンツを制作する企業でしたが、ディズニープラスという配信サービスを始めました。

コンテンツを、テクノロジーといかに一体化して提供するかが、勝負の分かれ目になるでしょう。

【ゴーグル型端末】――「ながら」ができないのが弱点

アップルのVision Proとメタの Quest 3については先にも述べましたが、コンテンツを届けるテクノロジーという点で、再度、触れておきたいと思います。

近年は、ポッドキャストやオーディオブックなど、耳で聞くコンテンツが一気に増えました。誰もがスマホを持ち歩くようになったことで、いつでも聞けるようになったこと、スポティファイ（Spotify）やアマゾンなどの参入によってコンテンツの質が向上したことなども理由ですが、一番の要因は「ながら聞き」ができるという音声コンテンツの特性にあると、筆者は考えています。

聞きながらでも移動ができる。聞きながらでも手を動かせる。他のことをしながらできる「ながら聞き」は、自由度の高さゆえに、日常生活に溶け込みやすいのが強みです。

それと対照的なのが、アップルやメタのゴーグル型端末です。

実際に試してみて実感しましたが、それなりに重量感のあるヘッドセットを頭部に装着し、視界を覆《おお》ってしまうと、「ながら」で他の作業を並行させることは非常に困難です。

もちろん、裏を返せば、外界を遮断《しゃだん》することでＶＲの世界に没入できるという強みもありますが、装着中の自由度の低さ、不自由さは、忙しい現代人にはあまり好まれないのではないでしょうか。

「そんなことで？」といわれそうな単純な理由ですが、娯楽には心地よさも求められますから、案外バカにはできません。このハードルをどう乗り越えるかが、ゴーグル型端末の今後の課題なのかもしれません。

先述したように、ゴーグル型端末ならではの、キラーコンテンツと呼べるほどのコンテンツが登場することも、広く一般に普及するためには必要でしょう。

フライト中など、限定的なシチュエーションでの活用も

もちろん、メタもただ手をこまねいているわけではありません。

2024年の夏から、メタとルフトハンザドイツ航空（Lufthansa）が提携して、ビジネ

スクラスの利用者を対象に、Quest 3専用コンテンツの提供を開始することが発表されました。

航空会社が機内でQuest 3を提供するのは初の試みだそうですが、トイレで席を立つ以外の時間はほぼ着席が義務付けられているフライト中という限定的なシチュエーションであれば、ゴーグル型端末の装着によるストレスや不自由さも軽減されるのではないでしょうか。

10年後には、フライト中の機内を見渡すと、乗客全員がヘッドセットを装着し、映画鑑賞やゲーム、アプリを使っての瞑想《めいそう》などを各々《おのおの》楽しんでいる未来がやって来るかもしれません。

ゴーグル型端末ではありませんが、メガネのようにかけるウェアラブル機器「スマートグラス」の悪用が日本でも話題になりました。

2024年2月、早稲田大学の入試会場で、スマートグラスで撮影した試験問題をSNSに流出させたとして、受験生が偽計《ぎけい》業務妨害《ぼうがい》の疑いで書類送検されました。

一見するとただの眼鏡にしか見えませんが、フレーム部分に小型カメラが搭載されており、撮影した画像を自分のスマホへ送信することができる端末が使われたということです。

事件に使われた製品は公式に発表されていませんが、メタはこのような特徴を持ったスマートグラスも販売しています。

最新のテクノロジーが悪用された、極めて残念なケースといえるでしょう。

第 2 章

企業も人材も、最新テクノロジーの潮流に乗り遅れれば淘汰される

最新テクノロジーの潮流に乗り遅れた企業の末路

ノキア、コダック、シアーズ……。業界の雄から倒産の危機へ

ビジネスの歴史を振り返ると、あるポイントまでは圧倒的優位にあった大企業が、最先端のテクノロジーの価値と潮流を見誤った結果として、淘汰されていった事例がいくつも見つかります。

かつて携帯電話市場をリードしていた「北欧の巨人」ノキアは、その典型例でしょう。スマートフォン市場への参入で乗り遅れた同社は、iPhone という革命児の登場によって

シェアを奪われ、倒産の危機にまで追い込まれました。

iPhoneを作ったアップルは、それまでは主に「PC業界」のメーカーであり、「携帯電話業界」のメーカーではありませんでした。テクノロジーの進化によって、異業界の企業が、突然、脅威に変わったのです。

いや、もはや**「業界」という概念自体が破壊される時代になった**、と考えるべきです。

ノキアは、その後、通信機器メーカーとして建て直しを図り、2015年にはフランスの通信機器メーカーの買収もしていますが、携帯電話市場において敗れ去ったことは歴史的事実です。

写真フィルムの世界トップメーカーだったコダックは、デジタルカメラが急速に普及していく波に乗り遅れ、2012年に破綻《はたん》しています。

コダックは世界初のデジタルカメラを開発した企業だったにもかかわらず、事業の柱が写真フィルム事業だったため、軸足を移し切れなかったのが破綻の原因と考えられます。

ハーバード・ビジネス・スクールのクレイトン・クリステンセン教授が提唱した**「イノベ**

ーションのジレンマ」にはまったわけです。

シアーズというアメリカの百貨店も、テクノロジーの潮流に乗り遅れて、２０１８年に破綻しました。

シアーズは19世紀に当時としては画期的なカタログによる通信販売を始めて成長し、一時はアメリカ最大の小売業者にまでなった老舗《しにせ》企業でしたが、デジタル化で後れを取った結果、アマゾンなどのＥＣ事業者に敗れ去りました。

このような**危機を回避するためには、業界外を含む最先端のテクノロジーを継続的にキャッチアップし、その価値や潮流を目利きしていくこと。どの業種であろうとも、他に選択肢はありません。**

テクノロジーの潮流を見誤ると淘汰されるのは日本企業も同じ

これは、海外企業だけでなく、日本企業でもまったく同じです。

例えば、スポティファイやApple Musicなどの音楽ストリーミングサービス、そしてAmazon Prime、ネットフリックスなどの動画配信サービスの流行により、昨今《さっこん》は日本でもCDショップやCD・DVDのレンタル店の閉店が相次いでいます。

これも、同じ業界ではなく、異業界から敵が突如《とつじょ》出現して、瞬く間にシェアを奪われた例です。こうした時代の流れはもはや不可逆です。

ちなみに、ネットフリックスも、最初はDVDを郵送でレンタルする事業で創業していました。その後、テクノロジーを取り入れ、配信に事業転換をして、急成長を遂《と》げました。

日本の場合は、長期にわたって低金利が続いていたため、本来であれば倒産するしかない企業であっても、金融機関や行政の支援によってかろうじて存続する「ゾンビ企業」になっているケースが多々存在します。

大企業であれば、表立って倒産まではしないものの、身売りや、伸びない一部事業の売却も多いように見受けられます。

身売りの例としては、2016年に台湾の鴻海《ホンハイ》精密工業（フォックスコングループ）に買収されたシャープがあります。

シャープは「世界の亀山モデル」としてブランディングした高品質の液晶テレビを製造し、一時は業績の急伸に大きく寄与しました。しかし、海外メーカーが安価な液晶パネルを大量に製造するようになっても過剰投資を続け、経営が傾くことになりました。これも、既存のテクノロジーが事業性を失ったことを認められなかった例といえるでしょう。現状維持バイアスが働いたともいえます。

ちなみに、シャープのＣＥＳ２０２４の出展ブースは、未来のデバイスの世界観を提示するものになっていました。親会社が変わると展示内容もこれほどまでに変わるのか、と驚かされた事例でした。

買収によって異業界へ進出するウォルマート、グーグル

シャープが凋落《ちょうらく》するに至った背景を振り返ると、自社の技術に自信があったがゆえに、時流を見誤ったことが大きな要因といえるのではないでしょうか。

スマホの急速な普及によって、そもそもテレビを見ない、テレビを持たない人たちが増えていた流れは、可視化されていたはずです。

もちろん、大画面で映画やドラマ、スポーツの試合などを見たいという層も、一定数います。その需要は今後も消えないでしょう。ただ、ある時期から、多数派ではなくなってしまったのです。

こうしたトレンドの行く先を正確に予測できていれば、テレビの販売台数を追うのではなく、大画面で楽しみたい人たちにターゲットを絞《しぼ》って、大画面で見るにふさわしい動画を配信するサービスを始める、あるいは、動画配信サービスをしている企業を買収したり提携したりするなどの選択によって、テレビ事業の収益性を維持できた可能性も考えられます。「テレビメーカー」という業界にこだわらず、**新しいテクノロジーを取り込んで、エコシステムを広げる**のです。

異業界へと進出して自社のエコシステムを拡大させた成功例は、実際に多く見られます。

2024年、ウォルマートは、スマートテレビメーカーのビジオ（VIZIO）を買収すると発表しました。ウォルマートの持つデータを、ビジオの持つデータや広告主、視聴者と組み合わせることで、広告事業や小売事業を強化することを狙ったものと考えられます。

アマゾンというビッグテックに対抗しなければならないという切実な危機感による判断

なのでしょう。

グーグルも、第1章で述べたように、ディープマインドを買収してAI事業に進出しました。それ以外にも、ユーチューブ（YouTube）を買収して動画共有サービスに進出するなど、グーグルは一貫して業界を超えた買収を繰り返してきた企業でもあります。

翻《ひるがえ》って、日本企業による他社の買収事例を見ると、売上拡大を目的とするものが多く、自社にはないテクノロジーを取り入れるための買収は、まだまだ少ないように感じられます。

フォーメーションを変え続けなければ企業は生き残れない

企業は、日々進化していくテクノロジーの変化に応じて、柔軟に組織のフォーメーショ

ンを変え続けなければ、生き残ることは困難です。

サッカーで喩《たと》えるならば、絶対に変わらないと思っていたフィールドの地形が絶え間なく変化するようなイレギュラーな事態が常に起こっているのが、いまの時代です。試合の細かなルールが変更されたというレベルではなく、フィールドの地形そのものが変わってしまうのですから、これまでと同じフォーメーションのままで戦っていては、勝率が高確率で下がります。

企業は生き物です。新陳代謝によって細胞をどんどん入れ替えていかなければ、生き残ることはできません。細胞の入れ替え、すなわち**事業ポートフォリオの入れ替えを適切に判断するためには、最新テクノロジーが自社の事業に与える影響力を常に先読みしていかなければならない**のです。

新しいテクノロジーを取り入れるだけでなく、テクノロジーがコモディティ化することによって収益性を失った事業から撤退することも必要です。

シャープが「世界の亀山モデル」からの撤退が遅れたために経営を傾かせたことは先述しましたが、ソニーが、一時、経営の危機に陥った要因も、テレビ事業の縮小が遅れたためだといわれています。

ソニーは、２０１２年にＣＥＯに就任した平井一夫氏のもとで選択と集中を進め、テレビ事業は２０１４年に分社化、ＶＡＩＯブランドのＰＣ事業も赤字だったため売却しました。そして、ＣＭＯＳイメージセンサーなど、自社の技術力で差別化ができる製品に集中し、業績を回復させました。

その後、テレビ事業は、販売台数の拡大をやめて、音と映像にこだわる顧客にターゲットを絞り、高付加価値な製品を開発することで黒字に転換。売却したＰＣ事業も、スマホの普及で需要が減少している個人向けから法人向けに変えるなどして、黒字化に成功しています。

最新テクノロジーの知識を非技術系社員も身につけている企業が強い

最先端のテクノロジーを常にキャッチアップし続けなければならないのは、経営陣、あるいは技術職の社員だけではありません。

2020年代以降の社会を生きる**すべてのビジネスパーソンにとって、最新テクノロジーの知識を身につけ、自らをアップデートしていくことは必須**です。

「すべて」とは、文字通り、すべての業界、すべての組織、すべての職位、すべての年代という意味でとらえてください。

昭和の会社を振り返ってみてください。

かつて経理の業務では、算盤《そろばん》の技能が重視されていました。しかし、いまの時代は算盤の技能は不要となり、エクセルの操作スキルが求められるようになっています。

生成ＡＩが目覚ましい進化を遂げている現状を考えれば、遠からず、重視されるのは「エクセルに搭載された生成ＡＩを適切に使いこなせるスキル」といったものとなり、日々の業務に効率的に生成ＡＩを組み込める文系職のニーズが高まっていくでしょう。

「生成ＡＩに仕事を奪われる」のではなく、**「生成AIを使いこなせる人材が仕事を奪い、より有用になる」**時代が、すでに到来しつつあります。

自発的に生成ＡＩを使いこなせる社員が多い企業は、おのずと基礎体力も強くなります。

さらに、現場から経営陣に対して、最新テクノロジーを導入するように突き上げるくらいの風通しのよさがあれば、その企業は時代に取り残されにくくなる、つまり、生き延びる確率が上がるはずです。

一部の社員が職場で勝手に使い始めた業務効率化ツールが、後から会社に公認され、全社の業務効率化につながった。このようなケースは決して少なくありません。

もはや「社員は歯車」の時代ではない。「モーター」になる組織が理想的

日本企業には、経営陣だけが組織を前進させる「モーター」であり、社員はそのための「歯車」に過ぎない、という考え方が、いまだ根強く残っています。

しかし、海外の企業、また国内で急成長を遂げている企業においては、経営陣も社員の一部も「モーター」である組織が多数あります。

もちろん、社員の「モーター」が正しい方向に向かって動いているかどうかは経営陣が判断すべきことですが、一人ひとりの社員も「モーター」になっている企業のほうが、機動性も駆動力《くどうりょく》も高いし、変化に柔軟に対応できます。

システムが硬直化《こうちょくか》している企業の場合、社員が「モーター」となることは困難かもし

れません。

しかし、自分が働いている企業がテクノロジーの潮流に乗り遅れているのではないかと感じたら、まずは自分自身が「モーター」になる努力をすべきではないでしょうか。

最新テクノロジーの知識を身につけた、「モーター」になれる非技術系の社員が増えるほど、企業の未来は開けていくはずです。

非技術系こそ、テクノロジーの知識が強力な武器になる

テクノロジーの知識は「英語」と同等か、それ以上に重要に

個人の人材としての価値を考えると、**非技術系に分類される人材のほうが、テクノロジーの知識を強力な武器に変えられる可能性が高い**と思います。

技術系の人材が最新テクノロジーに詳しいのは、もちろん専門領域にもよりますが、当然のことだととらえられます。一方で、非技術系でありながら最新のテクノロジーを活用できれば、希少な人材になり得るわけです。

テクノロジーの知識は、いわば「英語」と同等、もしくはそれ以上のものです。

海外と日常的にやり取りをする部署では、いわば英語の専門職が働いているでしょう。情報システム部の社員にとってのソフトウェアのようなものです。

それ以外の部署では、英語ができなくても、ほとんどの仕事はできます。必要なときだけ、英語ができる人の力を借りればいい。

しかし、日常的に英語を使うわけではない部署であっても、英語ができるほうが仕事の幅が広がるし、キャリアアップや転職でも有利になります。いざというときに通訳を雇うコストもかかりません。

同様に、最新のテクノロジーをキャッチアップしなくても、非技術職であれば、ほとんどの仕事はできるでしょう。しかし、**技術職でなくても、最新のテクノロジーの知識を身につけていることが、人材としての価値を高める**のです。

また、英語が話せることのメリットは、英語が話せるようにならなければ気がつきません。テクノロジーの知識が身についていなければ、テクノロジーの知識を身につけることのメリットを理解できないのも、英語と同様です。

「何ができるようになって、何がまだできないか」が重要

最新テクノロジーの知識を身につけるといっても、非技術職が、例えばPCに使われている半導体の構造まで知っておく必要はありません。知らなくても、エクセルを使って業務を効率的に進めることはできます。

生成ＡＩのコードを自分で書けなくても、生成ＡＩを使って仕事をすることはできます。

重要なのは、「生成ＡＩは、従来のＡＩと違って、何ができるようになったのか」と「生成ＡＩはまだ何ができないのか」を正しく理解することです。

インターネットが普及し始めたとき、さまざまなサービスが立ち上げられましたが、結

局、従来はできなかったけれども、インターネットでできるようになったことは、「デジタル化できる情報であれば、どんな情報でも、効率的にやり取りできる」ということでした。このことを理解していれば、例えば、「決済サービスもオンラインでできるはずだ」といち早く気付いて、事業化できたわけです。

ブロックチェーンが登場したときも、同様に、さまざまなサービスが立ち上げられました。そこで考えるべきことも、「従来はできなかったけれども、ブロックチェーンによってできるようになったことは何か」です。

そうした共通する構造を正確に理解しないまま、従来のインターネットでも十分にできるサービスなのに、新しいテクノロジーだからとブロックチェーンを導入しても、優位性を生むことはできません。

新しいテクノロジーが登場すると、それを推進したい人たちが現れます。そのテクノロジーを使ったプロダクトを作っている企業や、それらの企業に投資をする人たち、あるいは、いち早くそのテクノロジーに飛びついた人たちなどです。

そうした人たちの言葉に踊《おど》らされていると、収益性のない事業に投資をしてしまうことになりかねません。個人であれば、役に立たない知識を身につけることになってしまうでしょう。

また、**新しいテクノロジーに過大な期待をすることは、その後の失望につながります。**

例えば、「生成ＡＩを使ってみたけど、使い物にならない」と思い込んでしまうのです。

すると、生成ＡＩを事業や業務に取り入れることをやめたり、生成ＡＩを使うスキルを身につけることをやめたりすることになり、自社の競争力や自分の人材価値を下げてしまうことになります。

ビッグテックですら
怒濤のリストラを決行している

今後、自分が望まなくても転職市場に出ることになるケースが、さらに増えていくでしょう。その際にも、非技術系人材が最新テクノロジーの知識を身につけていることは武器になります。

アメリカに目を向けると、ビッグテック各社では、現在も、人員削減（レイオフ）が怒濤《どとう》のペースで続いています。先ほど述べたように、企業はフォーメーションを変え続けなければ生き残れませんから、注力する事業に必要な人材を採用し、撤退する事業の人材をレイオフするということが、常に起こっているのです。

ひとたび解雇されると、社名や肩書は瞬時に無効化され、手持ちの武器とこれまでのキャリアの蓄《たくわ》えで再スタートを切らなければなりません。

常にアンテナを立て、**最新テクノロジーの知識という「武器」を磨くのは、リスクに備える最低限の自衛手段**でもあるのです。

「大規模なリストラが過ぎ去れば、雇用は落ち着くだろう」という見立ては楽観的すぎるかもしれません。これからは、**「先が見えない時代だからこそ、常にさまざまな形のリストラが断続的に行われていく」状態が、当面は継続的に続く**と覚悟しておいたほうがいいでしょう。

外からの人材をどう活かすかが企業の成長に直結する

事業ポートフォリオを再編して、必要のなくなった人材をレイオフする企業が増えていく一方で、同じく事業ポートフォリオを再編して、必要になった人材を採用する企業も、さらに増えていくでしょう。つまり、人材の流動性が高まるということです。この流れも、今後は不可逆です。

先ほどサッカーに喩えたように、技術の進化の速度が速いいまの時代は、フォーメーシヨンを柔軟に変えなければ、フィールドの地形や敵（相手）の変化に対応が追い付きません。

いまのタイミングはフォワードを3人から5人に増やしていいのか？　それともディフェンダーを厚くしておくべきなのか？

経営陣には、現場とメンバー構成を見ながら、常に迅速な判断が求められます。

一方で、ストライカーとキーパーでは求められる能力がまったく違うように、いまいる人材だけで柔軟なフォーメーション変更に対応するのは難しいでしょう。

だからこそ、**欠けているピースを埋める人材に、外からどんどん入ってもらえることが、組織としての優位性につながっていく**のです。例えば、NECはスタートアップ出身のCIO（最高投資責任者）を雇い、経営ビジョンに沿った買収を強化しようとしています。

裏を返せば、皆が仲よしで固定化してしまっている組織は、居心地《いごこち》はいいかもしれませんが、機動性の低さゆえにフォーメーションを変えられず、生き残ることがどんどん難しくなっていくということでもあります。業績が下がってくれば、終身雇用を維持するのも難しくなるでしょう。
かつては「会社は家族」という昭和モデルが主流でしたが、よくよく考えれば、一般の家族ですら子どもの成長や独立、自身の老いによって形が変わっていくのが自然です。

最新テクノロジーの知識という武器を磨いておけば、もし転職市場に出ることがあったとしても、それを求めて採用してくれる企業に出会いやすいということにもなります。
「前の会社では部長をやっていました」とアピールしても、具体的に何ができる人材なのかまではわかりません。自分は何ができるのかを、周りの人材と比較して、具体的に説明できるようにしておくことが大切です。

2022年からは、高校の必修科目に「情報」が加わりました。プログラミングやデータベースなどの基礎知識を学ぶものです。今後は、その知識を持った若い人たちが、人材市場に出てきます。自分もその人たちと仕事をすることになり、求められる要件が進化することを意識しておくべきでしょう。

「元気のない人」のままで定年まで過ごしたいか？

終身雇用という概念に、もはや一片《いっぺん》のリアリティも持てない、いまの時代の20〜30代は、自前のアンテナと武器を磨くことの必要性を、すでに十二分に理解しています。

自分のスキルや適性を活《い》かせる場を探しながら、喩えるならば大海原《おおうなばら》を走る船から船へと飛び移りながら、キャリアを積んでいく。そのフットワークの軽さ、機敏性、柔軟性、変わっていける素直さこそが、若い世代の強みです。

大企業という豪華客船からあえて降りて、スタートアップの小舟《こぶね》で荒波に揉《も》まれてみる。そんなリスク含みの選択ができるのも、背負うものが少なく、取り返しがきく年代だからこそでしょう。

一方で、40代以降のステージに入ると、仕事の現場で「元気な人」と「元気ではない人」にはっきりと二分《にぶん》されるように感じます。

もちろん、ここでの「元気」とは性格のことではなく、「自身の職務に能動的に取り組めているかどうか」を端的に表現しての言葉です。

会社員であれば、40代半《なか》ばともなると、自身のキャリアの着地点がそろそろ見えてくるでしょう。大企業であれば、役員コースに乗れるのか否か、すでにルートは分かれているはずです。

このまま、いまの組織に留まるべきか？　それとも、外に出て新しいことに挑戦するべきか？　その体力、気力はまだあるのか？　早期退職制度に乗って退職金を割増ししてもらい、転職したほうが得なのか？

そのような自問自答を繰り返して、足踏みしている人も少なくないかもしれません。

年代を問わず、「いまの職場では元気がない」状態なのであれば、立ち止まって考えてみましょう。

元気が出ない原因を、自身の能力不足だけに起因するととらえるのは早計《そうけい》です。もしかすると、能力や個性を発揮する機会に巡《めぐ》り会えていないだけかもしれません。過小評価やミスマッチの可能性もあるでしょう。

フリーハンドでゼロから何かを作り出すという体験、自身の個性を発揮できる案件に、不運にも巡り会えないままキャリアを積んできた人もいるでしょう。

新卒入社でずっと同じ組織にい続けている人ほど、また、真面目《まじめ》な人ほど、「元気がない40代」になっている割合が多いようにも感じられます。

その上で、重要なのはここからです。

この先の10年、20年も、ずっと「いまの職場で元気がない人」として勤め続けるのは、あまりにもったいないでしょう。

転職がすべての判断ではありませんが、社内も含め、**いまいる場所から思い切り手を伸ばし、テクノロジーの新しい知見を学び取っていく。その一歩を踏み出すだけでも、見え**

る風景は変化します。

国や会社が補助金を出してくれるのを待つのではなく、自ら学びに行く。そうした自律的なアクションは、長い目で見たときに、キャリアの底上げに直結してくれるはずです。
組織に過小評価されていると感じるのであれば、思い切って外へ出たほうが、道が拓けるかもしれません。

一方で、ミドル層であれば、自分の市場価値を客観的に見る視点を置き去りにすべきではないでしょう。

長く勤めた組織であれば、組織の中における立ち位置、自身への期待値がどれほどなのかは、ある程度はわかっているはずです。組織における役割や自身への期待値と自己評価にあまり齟齬《そご》がないのであれば、その組織に留まり、自己研鑽《じこけんさん》を怠《おこた》らずに、自身と組織を成長させていくのが妥当でしょう。

受動的に集まるだけの情報ではリスクが高い

重要なことなので強調しますが、これからの時代において、最新テクノロジーの知識は、もはや万人《ばんにん》が身につけざるを得ない一般教養であり、リスクヘッジです。

「自分は非技術系だから知らなくていい」「専門家に任せるから大丈夫」「社内の勉強会で十分」と考える人もいるかもしれませんが、受動的に集まる情報のままでいることはリスクでしかありません。

このことを、これまでとは別の角度からお話ししましょう。

数年前のコロナ禍の混乱を思い出してください。

首から下げるだけで除菌できると謳《うた》う「ウイルスブロッカー」なる商品が、一時期、話題となったことをご存じでしょうか。後に消費者庁は、あの商品を「根拠なし」と判断して、販売元に措置《そち》命令を下《くだ》しています。

少し冷静になって考えれば、世界中でパンデミックを巻き起こすほどの強力なウイルスが、市販品でたやすく、それも日本でだけ、ブロックできるわけがありません。

こうした思考のひと手間を放棄《ほうき》して、安易《あんい》に飛びついてしまう人たちは、詐欺師《さぎし》から見れば絶好のカモです。当時、ウイルスブロッカーを首にぶら下げて歩いていた人たちは、おそらく他の悪徳商法にも容易に騙《だま》されてしまうでしょう。

新NISAによって投資熱が高まった影響か、最近は悪質な投資詐欺のSNS広告が後を絶ちません。「〇〇が教える必ず儲かる優良株!」のように、著名人の顔と名前を利用した広告でセミナーや相談会などに勧誘《かんゆう》し、そこから巧妙《こうみょう》な手口で投資詐欺へと誘導するケースが多発しており、国内の被害額はすでに数百億円規模ともいわれています。

新型コロナに関していうと、ワクチンについての陰謀論も広まりました。

モデルナやファイザーなどの新型コロナワクチンは、mRNAワクチンという、新しいタイプのワクチンでした。多くの人たちにとって未知のものだったために陰謀論が広がったのでしょうが、mRNAとは何か、mRNAワクチンの治験《ちけん》の結果はどうだったのか、ということは、調べればわかります。治験の結果を理解するには、一定程度の統計学の知識が必要ですが、それくらいは文系でも身につけておくべきでしょう。

パンデミックは、これからも繰り返す可能性があります。そのたびに、政府が国民に迅《じん》速《そく》かつ丁寧な説明をすることが重要ですが、頻度が高くなると、それでは間に合わなくなります。

デジタルに限らず、バイオなども含めたテクノロジー一般について、自分で判断できるようになっておくことが、自分の身を守ります。

最低限の知識と、いったん立ち止まって思考する力。これらはいつの時代も必要な自衛手段です。

ビデオ会議で振り込みを指示したのは、ディープフェイクの偽CFOだった！

テクノロジーの急速な進化によって、個人だけでなく、企業が被害に遭《あ》う事件も増加しています。

2024年2月、香港の多国籍企業に勤務する財務担当者が、自社のCFO（最高財務責任者）とのビデオ会議で指示された通りに、計2億香港ドル（約38億円）を送金したところ、その大金が詐欺グループに振り込まれた事件が報道されました。

CFOに「極秘送金」を指示された財務担当者は、当然ながら不審に感じたものの、ビデオ会議に出席していた他の数人の幹部らの了承を得たことで実行に移しました。

しかし、実はこのビデオ会議の参加者らの正体は、本人たちの動画や画像を加工し、ディープフェイクで作り出された偽物《にせもの》だったのです。

顔のすり替えや加工は、ソフトウェアさえあれば、いまや誰でも簡単にできてしまう技術です。若い世代であれば、顔交換・顔合成アプリで遊んだことのある人も多いでしょう。

ディープフェイクの技術はもちろん、音声をコピーする技術も年々進化を遂げていきます。

これらの最新テクノロジーの進化についての知識が頭の片隅《かたすみ》に少しでもあったのならば、大規模な詐欺被害に遭うことは避けられたかもしれません。

テクノロジーの潮流を読み誤らないために

企業のプレスリリースを鵜呑みにしてはいけない

さて、常にアンテナを磨いて最新テクノロジーの知識を身につけるべきだとお話ししてきましたが、最新テクノロジーであれば何でも飛びついていいというわけではありません。

例えば、数年前に話題になったDAO（分散型自律組織）。ブロックチェーンを使った、特定の管理者を置かずにプロジェクトを進める新しい組織として、注目を集めました。そして実際に、コミュニケーションサービス「ディスコード（Discord）」を活用した、いくつものDAOが作られました。

しかし、いま、それらにアクセスしてみると、コミュニケーションが活発なままのものはほとんどありません。DAOの参加者にはトークンが与えられますが、いくらトークンを発行しても、参加したいと思う人が増え続けず、衰退していったのです。

ブロックチェーンといえば、暗号資産も、そこで使われているテクノロジーについて理解せずに飛びついたために、損をした人が多くいました。

企業の場合も、事業性のない新しいテクノロジーに大きな投資をしてしまい、経営を傾かせてしまうことも少なくありません。

エンジェル投資家でも、数多くのスタートアップと交流を持つだけでは、新しいテクノロジーの真贋《しんがん》や事業性を見極めることは非常に難しい。現時点ではまだ普及していない、もしくは世に出ていない新技術なのですから、判断が難しいのは当然でしょう。「この技術が実現したら素晴らしい」という思いがノイズとなって、判断の邪魔をしてしまう局面も多々あります。

しかし、次に紹介するいくつかのポイントを踏まえておけば、新技術に振り回されたり、うかつに騙されたりする確率は確実に減らせます。

一つ目は、**公式発表を頭から信じない**こと。

新製品のプレスリリースを思い出してください。企業が出す公式の情報は、スペックなどの客観的な情報を織《お》り交《ま》ぜながらも、本質的にはその企業にとって都合のよい情報だけを集めたものです。プレスリリースにわざわざ「現時点ではこんな懸念点があるが」などと、自社に不利な情報を盛り込む企業は存在しません。

株式投資を始めたばかりの初心者にも、企業のプレスリリースを鵜呑みにして、その企業の株の購入や損切り（と思い込んでいる）を判断しているケースが多く見られます。テクノロジー関連の企業ほど、そうしたジャッジが下されている場合が多いでしょう。

プレスリリースは、各社ともに、自社をよく見せるためのバイアスを意識的にかけています。そのバイアスを前提にした上で、内容を吟味《ぎんみ》するようにしましょう。

専門用語や流行語が過剰に使われているリリースほど、内容は薄い傾向があるので、要注意です。

現物に実際に触れて、「縦軸」と「横軸」で見る

新しいテクノロジーを見極めるための二つ目のポイントは、**自分で触ってみる**ことです。

新しいプロダクトやサービスは、アクセスできるものはすべて試すくらいの気持ちで、

できるだけ早い段階で触れてみることをお勧めします。
仕事に役立つＩＴツールも日々進化しています。多くのサービスは無料のお試し体験を設けていますから、まずはさっと試していじってみる。これが肝心《かんじん》です。

アップルによる最新のiPhoneの発表会を思い出してみてください。
現在最新のiPhone15の発表会で、アップルは「過去最高のiPhoneだ」と声高らかにアピールしていました。おそらく、次のiPhone16の発表会でも同じことをいうでしょう。表現に多少の違いこそあれ、過去の発表会も一貫して同じ「過去最高のiPhone」を、アップルはアピールしてきたのです。その言葉を額面通りに毎回受け取っていたら、きりがありません。

ここで大切なのは、**「縦軸」と「横軸」の両方で見る**ことです。ひと世代前のiPhoneと最新機種との違いを縦軸で比較しつつ、サムスン電子やファーウェイ、シャオミなど、他社の製品と横に並べて比較するのです。

鵜呑みにしない。自分で試す。縦軸と横軸で比較する。

この基本スタンスを意識しておけば、非技術系であっても、最新テクノロジーをジャッジする目がおのずと磨かれていくはずです。

ビジョンしか提示せず、専門知識が伴った行動をしない相手を信じてはいけない

もう一つ、これはすべてのビジネスについていえることであり、経験豊富なミドル層には釈迦《しゃか》に説法《せっぽう》かもしれませんが、**ビジョンやコンセプトだけを提示し続けて、専門知識が伴った行動をしない相手を、簡単に信じるべきではない**ということも、常に頭の片隅に入れておいてください。

新しいテクノロジーが次から次へと登場するいまの時代こそ、この類《たぐい》のリスクは増加しています。

多くのスタートアップは、資金調達を成し遂げるために、素晴らしいビジョンを提示します。

まずは旗を立てる。次にビジョンを掲げて、パートナーを探す。

もちろん、この手順自体は真っ当なことです。

しかし、パートナー集めに躍起《やっき》になるあまり、実現不可能な要素をビジョンに織り交ぜる企業も少なくありません。

そうしたスタートアップは、技術開発が追い付いていない場合がほとんどです。「AIによるチャットボットだと思わせておいて、実はすべて人力《じんりき》で対応していた」なんていう例もあります。

シリコンバレー史上最悪の詐欺
「セラノス事件」から学べること

2015年に元アメリカ大統領ビル・クリントン氏（左）、アリババ創業者ジャック・マー氏（右）とともにイベントに登壇するエリザベス・ホームズ氏（中央）（写真：ロイター/アフロ）

こうした「ハッタリカルチャー」を押し出して、最も悪質、かつ、大規模な被害をもたらしたのが、アメリカのセラノス（Theranos）事件でしょう。

「わずか数滴の血液で、がんや糖尿病など、２００種以上の病気を検査できる」との触れ込みで急成長した血液検査ベンチャーのセラノスは、医療検査に革命をもたらす新技術として、当初は大いにもてはやされました。

スタンフォード大学を退学して同社を創業したエリザベス・ホームズ氏は「第二のジョブズ」と呼ばれ、『フォーブス』

誌の「女性長者番付」1位となり、自力で成功した世界最年少のビリオネアとして名を馳《は》せ、時代の寵児《ちょうじ》に上り詰めました。

しかし、同社の検査の種類や精度について、ホームズ氏は虚偽の説明を繰り返し、他社の機械で血液検査を行っていたことが明るみに出ると、2018年に会社は解散。最終的に4件の詐欺罪と共謀罪によって連邦地裁から禁錮《きんこ》11年3ヶ月の刑を下されています。

このセラノス事件ほど、シリコンバレーとテクノロジー業界に多くの教訓をもたらした事件はないでしょう。

ホームズ氏が行ったことは、「Fake it till you make it（実現するまでは、できているフリをしろ）」という格言を体現したかのような悪質な詐欺行為でしたが、犯罪になるレベルではなくとも、他のスタートアップも同じような指針で動いているところが多いです。

しかし、反省すべきポイントを検証するのであれば、投資家とメディアは、もっと慎重にセラノスと向き合うべきだったといわざるを得ません。

指先から採《と》るわずか数滴の血液でさまざまな病気がわかるというセラノスが提示したテクノロジーは、確かに夢のような可能性を感じさせましたが、科学的な見地から懐疑心《かいぎしん》を持って、テクノロジーそのものの信頼性を検証した上で、投資なり取材なりをするべきだったのでしょう。医療検査のような人命がかかったテクノロジーであるならば、なおさらです。

特に、その人物が**過剰に専門分野外の著名人との交流をひけらかしていないか**をチェックしてください。政治家、官僚、学者、引退したＣＥＯなど、現役のスタートアップに関係ない人物と写っている写真を過剰に掲げている場合は危険シグナルです。

最新のテクノロジーは、何をどこまでできるようになっているのか。

そうした動向を常に注視しておくことは、こうした事件の被害防止とも無関係ではありません。

特に日本人には人がいい人が多く、英語での評判を確認しないため、騙されやすいと自覚しなければなりません。まさか、と思えるところが虚偽である場合もあります。他の人が信用しているからといって、自分たちでも確認を怠ってはなりません。

帳尻を合わせられる企業はごく少数しかない

ただ難しいのは、「Fake it till you make it」の精神で帳尻《ちょうじり》を合わせてしまい、大躍進するスタートアップも、極わずかですが存在しているという事実があることです。しかし、学歴など、もともとの能力が高い場合に限ることに留意してください。

マイクロソフトの共同創業者であるビル・ゲイツ氏とポール・アレン氏には、まだ何も開発していない状況にもかかわらず、世界初のパーソナルコンピュータと呼ばれたAltair《アルテア》8800の製造元であるMITSに営業をかけて、「Altair 8800用のソフトウェアプログラムがもうすぐ完成する」と堂々とハッタリをかまし、そこからわずか2ヶ月で開発。完成したはずのプログラムと意気《いき》揚々《ようよう》と飛行機に乗り込んだものの、仲間が一部のプログラムを作り忘れていたことが機内で発覚し、フライトの最中に大急ぎで完成させてギリギリで契約締結した、という伝説的なエピソードがあります。

このような成功譚《せいこうたん》もあるため、ビジョンしか提示できない相手であっても、一概に否定はできません。

それでも、ゲイツ氏のような成功者は少数派、せいぜい1%、世界に10年に一人いるかいないかと見積もっておくのが妥当でしょう。日本で会うことは、さらに確率が下がります。

特にスタートアップでは、創業者が思い描くビジョンが、その人自身のキャラクターとしての魅力ともセットになっている場合が多く見られます。**心地よいビジョンを語る言葉だけに引っ張られずに、実際の製品のデモやトライアルを試し、その性能を検証することが必須**です。

ビジネスパートナーとして検討するのであれば、提示されているテクノロジーの実現可能性について、専門家に意見を求めるのも有効です。

大前提として、そのテクノロジーの周辺事情について触れられている論文などもチェックしてください。

経営者や「識者」の学歴や経歴も鵜呑みにしてはいけない

経営者自身のパーソナリティを知るには、ソーシャルメディアにおいての振る舞いを見るのが最も手《て》っ取《と》り早《ばや》いでしょう。

また、経営者にしても、識者の本を読んだり話を聞いたりする際でも、その**経歴に誇張が混ざっていないかのファクトチェックも必要**です。

有名大学の、誰でも受けられる講座（ハーバードエクステンションスクール、スタンフォードコンティニューイングスタディーズなどの生涯学習講座や、有名ビジネススクールにおける半年ほどの短期プログラム。修了証と学位は大きく違います）を受講したことがあるだけで、その大学の卒業生だと名乗っているようなケースもあります。必ず正規のスクールでの学位を確認してください。

採用においても、日本企業は自己申告だけで応募者の経歴や学歴を簡単に信じてしまう傾向にありますが、ほとんどの外資系企業では、自己申告した情報を踏まえて、リファレンスチェックも行うのがスタンダードです。これは、言語も文化もそれぞれに多種多様な背景を持つ外国人人材を受け入れる企業としては当然のことでしょう。大学名にしても、アメリカの名門大学などの一部を除けば、海外の大学名を聞いてそのレベルを正確に推《お》し測《はか》れる人は多くありません。

人口減少が確実な日本において、今後、外国人人材を受け入れる企業が増えていくことが見込まれます。テクノロジーを見極める目を磨くと同時に、有能な人材を見極める目も養っていく意識が、今後、ますます必要となっていくでしょう。

多忙なミドル・シニア層こそ年下のメンターを探し出せ

どんな年代のビジネスパーソンでも、最新テクノロジーの知識を身につけるべきだと述べてきましたが、日々業務に追われるミドル・シニア層のビジネスパーソンほど、最新のテクノロジーを勉強する時間の捻出《ねんしゅつ》が難しいのも事実でしょう。

その場合は、まずは**ネットワークの多様化と拡張を意識する**ところから始めてみましょう。

同じ業界、同じ年代、同じ属性の人たちとだけ付き合っていても、新しい発見や気付きは、そうそうありません。しかし、**業種も属性も異なる人たち、特にエンジニアや、テクノロジーに強い若い世代と積極的に交流を持つようにすると、見える風景がガラッと変わっていく**はずです。

例えば筆者は、エンジニアとお酒を飲みながら雑談するのが好きです。日本人には質問をすることを恥ずかしいと思ったり、「間違ったことを聞いてはいけない」と思ったりする人が多いですが、お酒を飲みながらの雑談であれば、気楽にさまざまなことが聞けて、テクノロジーについての知見が得られるでしょう。

また、Z世代はテクノロジーをどう使いこなし、どうとらえているのかを、比較考量、つまり複数のケースを比較する視点を持つことを意識しながら、間近で見聞きすることからも、多くの気付きが得られるはずです。

上司や先輩などの年長者をメンターとするカルチャーが一般的ですが、テクノロジー領域、特にソフトウェアにおいては、若手のほうが最先端を開発していることも多く、**若手を「逆メンター」にする**のです。

テクノロジー領域に限らず、若手と先輩が役割を逆転させてレクチャーする制度は、一般的に「リバースメンタリング（逆メンター制）」と呼ばれ、アメリカのゼネラル・エレクトリック（GE〈General Electric〉）が採用して以降、国内外の企業で多数導入されるようになりました。

日本でも、住友化学、三菱マテリアル、資生堂などの大企業が、組織を活性化させる手法として続々導入しています。

情報の「動脈硬化」を日々の習慣で予防する

年齢を重ねてキャリアの円熟期に入ると、誰しも往々《おうおう》にして「情報の動脈硬化」を起こしてしまいがちです。

日々新たに湧《わ》き上がる情報は、いわば血液のようなもの。全身を巡る血液がいつまでも古いまま更新されずにいると、血管のあちこちで血液が詰まって錆《さ》びてしまい、身体に悪影響を及ぼします。

だからこそ、**ベテラン世代ほど意識的に新しい空気を取り込み、血液を入れ替えるメン**

テンナンス作業を怠らないようにしていきましょう。若手との面談や雑談には、凝り固まった考え方や価値観をリフレッシュしてくれる作用もあるはずです。

さらにいうならば、**自分が述べた意見に対して、真《ま》っ向《こう》から臆《おく》せずに批判してくれる後輩や若い世代を大切にしていきましょう。**社外など、利害関係がないほうがいいです。内心では同意できないものの、「面倒だから上司を立てておくか」という無難《ぶなん》なスタンスの後輩との対話は、何も生み出しません。

それよりも、議論においては年功序列を脇に置き、「その見方はもう古いですよ」「いまはこういうアプリで対応できますよ」などと、率直かつクリティカルに意見を出してくれる後輩とのほうが、ずっと建設的な対話が実現できるでしょう。そうした誠実な後輩こそが、あなたのキャリア後半戦のキーパーソンとなってくれる可能性も少なくないかもしれません。

もちろん、そのためには、序列に関係なく意見を交換できる心理的安全性の土壌《どじょう》を普段から作っておく必要もあります。

SNSでエンジニアをフォローし、ITリテラシーを高める

いますぐには身近に「逆メンター」になってくれそうな若手が見当たらないのであれば、SNSで若手の現役エンジニアのアカウントをフォローするのもいいでしょう。できれば、日本語でなく、英語をおすすめします。AIで翻訳すればいいのです。

X（旧称ツイッター）では、技術職のアカウントが、日々、多くの情報を発信しています。はじめのうちは耳慣れない専門用語に戸惑うかもしれませんが、わからない用語は自分で覚えてITリテラシーを高め、文脈を汲《く》んでいく練習の意味でも、SNSは大いに活用できるはずです。

ただし、ひと言だけ付け加えておくと、**若い世代の持つ情報やリテラシーが「絶対の正**

解」というわけでは、もちろんありません。若さゆえの視野の狭《せま》さや決め付けもあるでしょう。

そうした要素を差し引いた上で、あくまで自分が思考するための判断材料の一つとして、若い世代の知見を参照する。目の肥えたミドル・シニア層であれば、そうしことは決して難しくないはずです。

第3章

世界最先端を自分に実装する方法

日本のマスコミの報道だけでテクノロジーの潮流はとらえられない

個々のニュースを追うだけでは テクノロジーのトレンドは把握できない

前章では、非技術系であっても、テクノロジー領域の最新トレンドを自ら取りに行くことの重要性について強調しました。

本章では、その具体的な方法について、お話ししていきます。

まず、誰もが真っ先に思い浮かべるであろう最新テクノロジーの情報源は、テレビや新聞といったマスメディアでしょう。

超情報化社会といわれて久しいいまの時代、スマホやPCの画面からも、大量のニュースが目に入ってきます。

ただ、それらの個々のニュースを見ていても、テクノロジーのトレンドをつかむことはできません。

例えば、グーグルがジェミニという生成AIを発表したというニュースが目に入ったとしましょう。こうしたニュースは、ただ企業が発表したことの要点を短くまとめて流しているだけなので、これだけでは、その事実しかわかりません。

大切なのは、**他のニュースと結び付けて、文脈を読む**ことです。

ジェミニは、以前に発表されたバードをリブランディングしたものです。なぜ、このタイミングでリブランディングをしたのか？

また、ジェミニには、ナノ（Nano）、プロ（Pro）、ウルトラ（Ultra）の三つのモデルがあります。それは、いったい、なぜなのか？　どのような目的に応じて、どんなデバイスで使い分けられているのか？

そうした疑問を持ちながら、他の生成ＡＩ関連のニュースと結び付けることで、生成ＡＩ領域での各社の競争の状況や、グーグルの戦略が見えてきます。

他のニュースというのも、結局は各社の発表を要約して流しているだけですから、気になったことは検索して、**各社の公式発表のビデオなどを直接確認**したほうが早い。何よりも、余計なフィルターがかからないので、知見不足もあり、記者が誤って見過した内容を発見することもあります。

やはり、受動的に情報を受け取るのではなく、能動的に取りに行くことが重要だということです。

ニュース解説をしている人たちも、マスコミにもインターネット上にも数多くいますが、その解説を参考にするなら、「本当にそうなのかな？」と疑いの目を持つことも大切です。自信過剰な人が、無知がゆえに、間違ったことを断言してしまうケースも多々あります。悲しいながら、一定の知的な層に入れなかった人ほど、この傾向が見られます。経歴を確認しましょう。

中にはPV（ページビュー）を集めることを目的にしている人もいますから、十分に注意したほうがいいと思います。

アメリカのメディアの場合は、日本よりも、記者の解釈やインサイト（洞察）が入った記事が多くあります。また、署名記事が多いので、過去の記事をさかのぼれば、その記者が書いていることの信頼性を確認することができます。

日本の、特にオンライン専門メディアは、事実を改竄《かいざん》した記事を掲載して謝罪しないこともあり、悪いところも含め、記者をよく知らなければ、基本的に信用できません。

日本のマスコミはトレンドの「震源地」から離れている

仕事柄、「普段、どのＩＴ情報系サイトをチェックしているのか？」「定期購読すべき新聞や雑誌は？」などの質問を受ける機会が少なくありません。

しかし、結論からお伝えすると、**日本のマスメディアだけでテクノロジーのトレンドを把握することは、とうていできません。**

なぜなら、最新テクノロジーを生み出している「震源地」が、そもそも日本ではないからです。

最新テクノロジーの舞台の中心はアメリカ、とりわけシリコンバレーです。

ＧＡＦＡＭに代表されるビッグテックはもちろん、ＧＡＦＡＭと一部重複しますが、第１章で紹介した、生成ＡＩで注目されているＧＯＭＡも、いずれも揃ってアメリカの企業です。

「そうはいっても、やはりまずは日本語のメディアで最新テクノロジーのトレンドを知りたい」と考える人も少なくないでしょう。その場合、現時点では、定番ですが、『日本経済新聞』に目を通しておくのが一番確実だと思います。

日本経済新聞社は、シリコンバレーに支局を置き、記者を駐在させている、数少ない国内大手メディアです。そのアドバンテージがありますから、他メディアと比較すると、分析やインタビューの人選はともかく、事実を素早く報道するスタンスが評価できます。『日経ビジネス』などを発行している日経BPもシリコンバレーに支局を置いているのですが、同じ日経グループであっても、動きの速さや内容は、『日本経済新聞』とはまた違います。

もちろん、日本経済新聞社以外も、大手の新聞社はいずれもアメリカに支局を置いていますす。しかし、ほとんどはニューヨークやワシントンDCに支局を置いていて、シリコンバレーに記者を駐在させている新聞社は少数です。
また、シリコンバレーには、スタンフォード卒業生などのネットワークが存在します。そこを卒業しない限り、日本人が入り込むことは相当難しいです。

余談ですが、日本企業の経営者にもアメリカ駐在経験がある人は多くいますが、シリコンバレーに駐在した経験がある経営者は、ほとんど見かけません。そのことが、テクノロジーに対する感覚の日米企業の差として表れているのではないかという気がしています。

海外の雑誌の日本版は日本向けにカスタマイズされている

ここまで読んで、「日本のマスメディアがあてにならないなら、『ワイアード（WIRED）』のような、海外の雑誌の日本語訳を情報源にすればよいのでは？」と考える人もいるでしょう。

確かに、判断の入り口として参考にするにはよいかもしれません。
しかし、現地のフレッシュな情報や分析が雑誌記事として編集され、読者のもとへと届くまでには、それなりにタイムラグが生じてしまいます。

また、『ワイアード』にしても、ビジネスパーソンを対象とした『ニューズウィーク』や『フォーブス』、『ハーバード・ビジネス・レビュー』などの雑誌にしても、本国版と日本版では編集部も発行元も異なる場合がほとんどです。各国で独自の編集をしているケースが多いため、世間一般の読者が持つイメージとは裏腹《うらはら》に、**現地の事情には実はあまり詳しくない日本の編集者の主観がフィルターとしてかかっている**記事も往々にして見受けられます。

そもそも、メディアビジネス以外の海外での主要ビジネスの経験がない編集者が、海外の重要なビジネスの知見を見抜けると想定すること自体が危険でしょう。

日本向けに編集されているということは、常に日本の読者にとって重要な情報を厳選しているということではなく、日本で売れるためのウケがいい記事を掲載し、独自の特集をしているということを意識しなければなりません。

もちろん、良質なニュースや鋭い分析をもとにした考察記事も数多く掲載されていますが、トータルで見ると、「アメリカの殻《から》を被《かぶ》った日本のメディア」となっているものが少なくないのが実情です。


そもそも、編集者はストーリーを仕立て上げるプロですから、事実を微妙に歪曲《わいきょく》して、知り合いに都合がいいように特集を組んだり、キャッチーで魅力的なストーリーになるように脚色したりすることは多々あります。

有り体《あてい》にいってしまえば、「この最新テクノロジーがすごい！」と毎回いい続けていれば、そのうちに何回かは実際に的中するものです。

一方で、当たらなかった記事は、ほぼ誰も覚えていないし、メディア側も振り返って検証することもない。マスメディアの情報とは、そもそもそうした性質を持っているのです。

例えば、経済メディアに、自分が持っている株をプロ以上の成績で運用できる記者などいないのです。

このように、メディア業界にはさまざまな事情が絡み合っていますから、「アメリカ発のメディアだから信用できるだろう」という思い込みはいったん捨ててしまったほうが、バイアスに惑わされずにすみます。

PV競争が熾烈なウェブメディアはセンセーショナルな見出しに走りがち

ウェブメディアとの向き合い方にも注意が必要です。

ウェブメディアのマネタイズの手段はいくつかありますが、いずれにせよ、PVをいかに稼ぐかという熾烈《しれつ》な競争が根底にある構造は、どのウェブメディアも共通しています。

センセーショナルな見出しをつけてミスリーディングをさせたり、挑発的な表現だけを取り出してバズるのを狙ったりするのも、すべてはPVを稼ぐため。「タイトルにぎょっとして読んでみたけど、中身はそんなに大した話ではなかった」という肩透《かたす》かしを食らった経験は、誰しもきっとあるでしょう。

そのようなウェブメディアの性質に無頓着《むとんちゃく》なままでいると、センセーショナルな見出しに踊らされて、中身を読まずに怒ったり驚いたりして、反射的にSNSに書き込んでしまうようになってしまいがちです。

記事のタイトルの強さに釣《つ》られても、すぐに感情に駆られて反応するのではなく、まずは中身を読んで、咀嚼《そしゃく》した上で判断するクセをつけるようにしましょう。

例えば、2024年3月、内閣府の会議の資料に中国企業のロゴが入っていたことをもって、「中国の影響がある」と、陰謀論にも受け取れる、「専門家」らしい記者や人物が書いたウェブ記事が大量に出回りました。しかし、2ヶ月後に発表された内閣府の調査結果で、単なる操作ミスであることが明らかになっています。

ウェブ記事が出回った量に比べて、内閣府の調査結果の報道は、ほとんど気付かない量だったと思います。

誹謗中傷《ひぼうちゅうしょう》が続き、名誉が回復されないという不条理があることも問題ですが、もし、これに似たようなケースでビジネス上の判断をしたとしたら、大きく間違えていた可能性があるわけです。責任を取らないメディアの情報は、相当に控えめに受け取らなければなりません。

インパクトのある言葉に惑わされてはいけない

2013年、オックスフォード大学のマイケル・オズボーン准教授《じゅんきょうじゅ》（当時）らが「今後10～20年で、アメリカの雇用の47％が、AIによって自動化される可能性が高い」という論文を発表し、マスコミを騒がせました。

しかし、それから10年以上が経って、実際にはそこまでＡＩによって雇用が奪われている状況ではありません。

そもそも、不確実性の高いいまの時代において、10年という遠い先の予測は正確にできるものではありません。何よりも、当時の段階では、生成ＡＩが登場することも予想できなかったはずです。

この論文では47％という数字をどのようにして導き出しているのか、マスコミが報じるニュースには書かれていません。そして、ニュースの受け手も確認しません。

その結果、人々の不安を掻《か》き立てる煽動的《せんどうてき》な言葉だけが情報として独り歩きするのです。

さらに、伝言ゲームによってニュースの中身が変わってしまうこともあります。

「ChatGPTがペンシルベニア大学のＭＢＡの最終試験に合格した」というニュースが流

れましたが、海外の大学院に行かれた方はおわかりかと思いますが、基本的にMBAの最終試験というものは存在しません。実際には、MBAの科目の一つである「オペレーションマネジメント」の最終試験でした。

MBAの最終試験と、MBAの科目の一つの最終試験では、受ける印象が大きく違うでしょう。

これも、もとの論文を見ればわかることですが、インパクトの強い言葉だけが独り歩きするのが、メディアというものの性質なのです。

最優先で見るべきは　テック企業の1次情報

このような業界事情を踏まえておくと、マスメディアを介《かい》して流れてくるニュースよりも、**最優先でチェックするべきは、主要テック企業の公式発表と、開発をしている研究者本人のSNSでの発信**だという結論にたどり着きます。

原文（英語）で読めるのが理想ですが、概要をつかむだけなら、英語が不得手《ふえて》でも、グーグル翻訳などの翻訳サービスを使えばできるはずです。

新製品発表などを動画で配信する企業も、近年は続々と増えています。それもまた貴重な情報源だと心得ておきましょう。

特に押さえておきたいのは、CEOが直接メッセージを発している動画です。

CEOが前面に出てくるということは、必然的に重要度が高い発表であるということです。その内容はマスメディアを通して知る人がほとんどかもしれませんが、そうなると要点しか伝わってこないことがほとんどです。多忙なビジネスパーソンにとっては、効率性という意味ではもちろん助かるのですが、注目すべきは発表の内容だけではありません。

その場の空気や振る舞いをそのままパッキングした動画は、情報の宝庫です。

もちろん、演出や編集が入っていることは承知の上ですが、それでも、その企業のトップはどのようなトーンで話しているのか、他人の原稿を読むのではなく自身が確信を持って話しているのか、それとも、時流に乗って勢いで話しているだけなのか……などの視点から、言葉の裏のニュアンスを読み取っていきましょう。

　このあたりの読解は、経験値の高いミドル・シニア層のビジネスパーソンであれば、得意領域ではないでしょうか。英語の理解が完璧ではなくとも、ビジネスの経験値の高い人ほど、細かいニュアンスを読み取ることに長《た》けているはずです。


　筆者がよくチェックしているのは、GOMAと主要ビッグテック各社、そしてテスラの公式発表や開発者向けのブログ、各社のCEOや上級エンジニアによるSNSでの発信、各社が定期的に開催する開発者会議です。

　もちろんそれ以外にも、トレンドになりそうな気配がある新興企業の動向も、創業者と夕食をともにする機会も作れますから、できる限り自分の目で確認するようにしています。

　SNSの普及によって情報源自体は爆発的に増えましたが、そのぶん、情勢を読み誤ったフェイクニュースも氾濫《はんらん》しています。**超情報化時代だからこそ、自分自身で1次情報に当たることの重要性がますます増している**ことを理解しておくべきでしょう。

ただし、第2章で述べたように、企業の公式発表には、その企業にとって都合のよいことしか書かれていないというバイアスがかかっていることも、念頭に置いておいてください。

また、これも「比較」と「文脈」で、以前に大々的に発表していたけれども、その後、続報がない、ということから、見えてくることもあります。

重要な情報が大々的に発表されるとは限らない

筆者が開発者向けのブログまでチェックしているのは、そこに何気《なにげ》なく書かれている内容が非常に重要なこともあるからです。

最近では、グーグル・ディープマインドのブログに、「アルファジオメトリー（AlphaGeometry）」というＡＩが公開されていました。これは、補助線を引いて幾何学《きかがく》の問題を解くＡＩで、国際数学オリンピックの幾何学の問題30問のうち25問を解くことができたということです。わかりやすくいえば、数学オリンピックの金メダル受賞者と同等のレベルだそうです。

いまやノーベル賞級の成果を出しているといわれているアルファフォールドも、グーグル・ディープマインドのブログで公開されました。第1章でも紹介した、タンパク質の構造を予測するＡＩです。

これらは論文としても正式に発表されますが、最初から論文を読もうとするのは専門家に限定されます。一般人は、引用件数が増えてくるまで、その発表が本当にインパクトのあるものなのかどうか、判断をつけるのが難しいのも事実でしょう。

とはいえ、「その論文が信頼に足るものなのかどうか」程度であれば、執筆者の所属先に知り合いを持ち、利害関係がない公正な意見を複数から聞いて判断できるようにしておくといいでしょう。

例えば、生成ＡＩが急激に進化するきっかけとなった深層学習モデル「トランスフォーマー」を発表した論文「Attention Is All You Need」の執筆者たちの所属は、Google Brain、Google Research、カナダのトロント大学でした。トロント大学は、「ディープラーニング（深層学習）の父」と呼ばれるジェフリー・ヒントン氏が所属していた大学です。グーグルの研究者たちの経歴を検索して調べてみても、実力のある研究者であることがわかります。

ということは、この論文は、ぽっと出で現れた謎の論文ではなく、実績と信頼の土台があるということがわかります。

このように、執筆者の所属を見ておくだけでも、その後にトランスフォーマーが世界中をこれほどまでに騒がせることまでは予測できなくとも、信頼に足る論文であることは判断できるはずです。

書籍を選ぶときは著者のプロフィールを慎重に吟味せよ

最新テクノロジーについての体系化された知識を学びたいと思ったら、やはり書籍を手に取る人が多いと思います。

書籍の魅力は、あるテーマについての基礎知識と周辺情報が整理され、専門家と編集者の共同作業によってパッケージングされていることです。

収集した情報の点と点を結び、一本の線に変えていくことで理解が深まるのは、どの領域も同じです。紙であろうと、電子であろうと、書籍は学びの理解を促す上で、いまも変わらずに有効なツールです。

ただし、本の形をしていれば何でもいいというわけではありません。大きなブームが巻き起こっているときほど、本選びにも注意が必要です。

例えば、少し前にWeb3がブームを巻き起こしたときに、関連書籍が続々と書店に並んだ風景を思い出してみてください。

数多くの関連書の中には、ある分野では専門家として名を馳せているものの、テクノロジーについてはまったく門外漢である識者が執筆した本も、相当数、見受けられました。

それまでテクノロジーについてほとんど接点も知識もなかった著者が、自らの得意領域にその話題を引き付けて、力技《ちからわざ》で滔々《とうとう》と語る書籍も、実は少なくないのです。いわば、ワイドショーのコメンテーターのようなものです。

生成AIでも同じことが起こっています。

だからこそ、書籍を選ぶ際には、著者のバックグラウンドが重要になります。

具体的には、次の3点をクリアしている著者の本を選びましょう。

①各業界で、過去にグローバルでトップだった企業（GE、IBMなど）ではなく、直近でグローバルでトップの企業でキャリアを積んできているか
②理系の専門知識を持っているか
③海外のトップ大学卒業など、海外の良質な1次情報を取得できる語学力やバックグラウンドがあるか

これからは学歴不要の時代になるとの意見もありますが、学歴や経歴が著者の知性の信頼度を測る指標の一つであることは変わりません。

例えば、法学部出身で法律家としてキャリアを積んできた人が、いきなりデジタルテクノロジーのビジネスの専門家になれるとは、なかなか考えられません。テクノロジーについて語るのであれば、それに関する経歴があるかはチェックしておきましょう。

また、先にも触れたように、経歴に「スタンフォード大学」と書いてあっても、よく調べるとスタンフォード大学を卒業したわけではなく、誰でも受けられるスタンフォード大

学の授業を聴講したことがあるだけだった、エグゼクティブプログラムを受けただけだった、という誇大《こだい》広告のようなプロフィールを謳う人も、残念ながら存在します。

同じように、経歴に「アマゾン勤務」と書かれていても、実はテクノロジーとはほぼ関係のない業務に就《つ》いていたり、在職期間がごく短期だったり、ということも珍しくありません。

名門大学やビッグテックの名前を都合よく借りているだけなのか、それとも、きちんと卒業・修了したのか。少し検索したり、企業の人に聞いたりすれば、ある程度はわかるはずですので、注意深く確かめてください。

書籍で知識を深めたい場合は、面倒でも、これらのポイントをしっかりと確かめてから、手に取ることをお勧めします。

学びを深めるための四つのポイント

①スキマ時間の活用——1日が24時間しかないのは誰でも同じ

朝から晩まで業務に追われ、成果を出すことを迫られるビジネスパーソンにとっては、最新テクノロジーの情報に限らず、新しい学びを習慣化させることは非常にハードルが高いことも事実です。

ひとまずざっとリサーチして、ブックマークしておいたまま、放置してきちんと中身を見ていないコンテンツが大量に溜まっている……。そんな人も大勢いるはずです。

自分なりにインプットしているつもりだが、できていない。

そんな多忙なビジネスパーソンが陥りがちな「やっているつもり」の勉強を防ぐためには、次に紹介する四つのポイントを意識するところから始めてみましょう。

①スキマ時間の活用
②専門家との対話
③メモと振り返りの習慣化
④直接体験

ここからは、学びを有効に深めるための、これら四つのポイントについて解説していきます。

①スキマ時間の活用は、社会人が新しいことを学ぼうと思ったら、真っ先に考えるべき基本中の基本です。

1日が24時間しかないのは、あなたもイーロン・マスク氏もティム・クック氏も同じです。その限られた時間をいかに有効活用するかは、個々人の工夫次第。日常生活の中心軸が仕事という動かせないものである以上、どこかにスキマを見つけて学びの時間に変えるしかありません。

筆者も普段から、移動中やジョギング中の時間を、アマゾンのオーディオブック「オーディブル（Audible）」や音声コンテンツを聞く学びの時間に充《あ》てています。

オーディブルはビジネス関連書籍が非常に充実しているため、ラインナップの選択肢も豊富です。また、小説のようにじっくり味わう必要はありませんから、倍速にしても内容の理解にさほど支障はありません。

音声コンテンツといえば、最近はポッドキャスト番組を情報源にしている人も増えています。

テクノロジー関連のポッドキャスト番組から最新事情を学ぼうと思ったら、気をつけてほしいポイントが二つあります。

一つは、**パーソナリティ（語り手）のバックグラウンド**です。これは、前述した、本の著者の経歴を吟味するのと同じです。テーマによっては、一般人が偏った感想を述べているだけの番組もありますので、「誰が語っているか」は重要な要素です。

テクノロジーの専門知識があるのか、どういった経歴で、きちんとしたＩＴリテラシーを持っている人なのか、どこまで信頼できるのかを調べておきましょう。

もう一つは、**パーソナリティの組み合わせ**です。

専門家同士のトークは、どうしても内容が高度になるため、初心者が聞いても内容の理解が難しいでしょう。テクノロジーに詳しい専門家と、非技術系の初学者というパーソナリティの組み合わせであれば、レベルの調整が図られますので、未知のテーマについて学ぶ場合は、こうした組み合わせのパーソナリティの番組を選ぶとよいでしょう。

②専門家との対話――メディアでは語れない本音を聞く

続いて、②「専門家との対話」は、興味のある分野の専門家の勉強会や講演会に参加して質問をしたり、アポイントメントを取って直接対話などの形で教えを請《こ》いに行ったりする、ダイレクトな学びです。

これはすべての専門家にいえることですが、メディアを通じて表に出せる情報は、その人が持っている膨大な知識・見識のほんの一部にしか過ぎません。不特定多数を対象にしているメディアで発言する際には、誰しも余計な誤解を招かないよう、また、競合他社に読んだり見たりされても構わないように、往々にして発言内容や言い方を制限するからです。

本音や本心、不確定ではあるが鋭い考察を聞くためには、自身の意図を明らかに伝え、

クローズドな場で専門家に教えを請うのが最短距離でしょう。

日本では、せっかく講演会に参加しても、質疑応答のコーナーで手が挙がらないことも多いのですが、**学びのために重要なのは、質問**です。問題意識を持っているほうが、学びの効率がいいのです。正解を知るために聞くのではなく、少しでも自分の知らない視点を得るために聞いてください。

ですから、講演会に参加するときも問題意識を持ち、質疑応答では積極的に手を挙げましょう。

時折《ときおり》、質問のように見せかけて、持論《じろん》を語る人がいますが、他にも聴衆がいる講演会は、そのための場ではありません。他の聴衆も知りたいであろうことを質問するようにすると、後で個別に質問をしに行ったときの印象もよくなります。

直接アポイントメントを取る場合は、可能であれば、誰かに紹介してもらうのがいいでしょう。誰かわからない人から連絡が来るよりも、知っている人の紹介で連絡が来たほうが、信頼性が高くなり、会ってもらいやすくなります。

しかし、同時に、紹介者の信頼を使っているわけですから、粗《そ》相《そう》があるとその紹介者の印象が悪くなり、迷惑がかかることも意識してください。

紹介が難しければ、思い切って直接連絡をしてみてください。いまの時代、ＳＮＳをまったくしていない専門家のほうが少数派ですから、連絡が取れないということはあまりないはずです。

ただし、手ぶらで「教えてください」と会いに行って許されるのは、せいぜい学生まで、と考えてください。キャリアと経験を積んできた大人であれば、**こちらから相手に与えられる価値を考えた上で、アポイントメントを入れる**のがマナーです。信頼関係がなければ本音は話せません。

相手のビジネスの売上拡大や研究につながることであればベストですし、それが難しければ、その人が個人的に好きな趣味に関するものでもいいでしょう。

著書がある人なら、それを読んでから会うのもマナーです。本に書いてあることを質問するのは失礼ですし、時間の無駄になります。メディアでの発言なども、できるだけチェックしてから会いましょう。

エンジニアとの気楽な雑談で「わかったつもり」に気付ける

専門家との対話と聞くと敷居《しきい》が高く感じられるかもしれませんが、著名人でなくとも、テクノロジーの専門知識を持ったエンジニアなども最先端の現場を知っているのですから、**社内外のエンジニアと雑談する機会を増やしていく**こともお勧めします。

直接の対話によって双方向のコミュニケーションが生まれると、「理解していたつもりだったけれども、実はわかっていなかったこと」がはっきりと見えてきます。学生時代には試験があるため強制的に気付けますが、社会人になり、自分一人で知識をインプットしているだけになると、なかなかそこに気付けません。

また、最先端のテクノロジーには試験などありません。ディープラーニングの検定試験など、トレンドから数年遅れてから基礎を問う試験ができ、それを受験することで理解していないことに気付けることは重要ですが、それでは最先端のテクノロジーを活用したビジネスの判断に活かすには遅すぎることが多くなります。

気軽な会話の流れの中で、「それはちょっと理解が違っていて、つまり、こういうことですよ」と専門知識を持つ人に指摘してもらうことができれば、正しい知識がしっかりインストールされるはずです。**学びにおいてアウトプットが欠かせないのは、こうしたフィードバックがもたらされるから**です。

非技術系のビジネスパーソンこそ、エンジニアと会食する機会を意識的に設けて、自分からも価値を提供しつつ、エンジニアのモノの見方や思考に触れる機会を増やしていくとよいでしょう。

なお、ビジネスでエンジニアから話を聞く場合は、一定の注意も必要です。

エンジニア側としては、持っている最新テクノロジーを早く事業化したいがために、楽観的な話をすることがあるからです。

そうしたバイアスに流されないためにも、最新テクノロジーに関連する事業に関しては、複数のエンジニアから意見を聞ける場を持つことが大切です。

③メモと振り返りの習慣化――知識は「ピン留め」しなければ流れていく

さて、学びを深めるための四つのポイントの解説に戻ります。

簡単なようでいて、実は実践できている人が少ないのが、③「メモと振り返りの習慣化」です。

専門家の知見や考察を聞く機会が巡ってきたとき、自分にとって新しい学びや知らない用語が出てきたら、話を聞きながら、もしくは、会話が終わった後に即、メモを取り、復習する習慣をつけましょう。

ノートにペンで書き付けるアナログスタイルでも、スマホにタイプするするデジタルスタイルでも、ツールは何でも構いません。

大切なのは、流れていく知識を「ピン留め」して、自分の内に刻もうとする能動性です。

講演会のような開かれた場であれば、自分の意見を真剣にメモしてくれる聴衆を見て嫌《いや》な顔をする講演者は、まず存在しません。

「ここでメモを取るのは失礼かもしれない」との懸念が生じる場面では、その場を離れた後、すぐにメモを取って、インプットした情報や生じた疑問を記憶に定着させましょう。

メモは、自分の学びを深めるだけでなく、その話をしてくれた人に次に会う機会が巡ってきたときのためにも役立ちます。

「前回お会いした際には、こんな課題のお話をされていましたが、そのときは知らなかった○○について自分なりに考察し、この本を読んでみました。その上で、一つお聞きしたいことがあるんです」といった質問が投げかけられたら、嫌な顔をする人は少ないでしょう。そこを起点に、より深い理解を得られるようになるはずです。

メモを取って理解を深めることは、本質を突いた問いを投げかけるための土壌を耕《たがや》すようなものといえるでしょう。


人と人との対話において、「1を聞いて10を知る」ようなコミュニケーションはある種の理想形ですが、実際は極めて稀《まれ》です。多くの場合は「10をいっても5しか伝わらなかった」で終わってしまうのが普通でしょう。

しかし、**話を聞いた後で、自らの努力によって5を7にまで引き上げることは誰であっても可能**です。その努力の跡《あと》が垣間《かいま》見えると、相手も当然、「この人に話をしてよかった」と手応えを感じて、嬉《うれ》しく思うはずです。

④直接体験——見て、触れて、使ってみる

④「直接体験」は、最新テクノロジーだからこそできる、最もダイレクトな学びの形といえるでしょう。

例えば、完全自動運転のウェイモを体験するために、アメリカへ行ってみる。「そんなことのためだけに？」「バカバカしい」と思われる人もいるかもしれませんが、百聞《ひゃくぶん》は一見《いっけん》にしかず。直接体験はメディアや専門家のフィルターを通さないため、実感によるオリジナルな考察を生み出してくれます。

iPhoneが世に出たとき、それを初めて手にしてタッチしたときのなめらかな操作性の快感を思い出してみてください。**五感に訴えかけるダイレクトな体験は、多くの学びをもたらしてくれます。**

iPhoneは、日本ではアメリカよりも1年遅れで発売されました。筆者はたまたまアメリカ勤務だったので、いち早く使ってみて、そのよさを確信しました。しかし、日本では「iPhoneは売れない」という議論が、著名人を含め、実際に触ったことのない人や、昔のガラパゴス携帯への愛着が強すぎる人によって多くされており、日本語のレンズで見たときに大きく情報が歪《ゆが》む瞬間を体験しました。

同じことが、自動運転でも、Vision Proでも、起こっているのです。

スーツを着て視察に行くような、肩肘《かたひじ》を張る必要はありません。格安航空券を買って、普段着で、カリフォルニア名産のナパワインを楽しみながら、スタンフォード大学の見学をするだけの、週末だけの弾丸旅行でもいい。やろうと思えば不可能ではないはずです。

第1章で紹介した世界最大級のテクノロジー展示会であるCESを訪れてみるのもいいでしょう。CESは、一般公開はされていませんが、18歳以上のビジネス関係者で、一定の条件をクリアすれば、入場できます。

海外はハードルが高いというのであれば、テスラのＥＶに乗ってみるのもいいかもしれません。公式サイトで試乗予約を受け付けていますから、ネットですぐに申し込むことができます。

ただし、半自動運転機能が日本では規制されていることもあり、最先端ではない状態を最先端だと思い込んでしまって、誤って過小評価しないようにしてください。

家にいながらにして直接体験ができる最先端テクノロジーの最たるものは、生成ＡＩでしょう。

画像生成ＡＩ、文章生成ＡＩ、動画生成ＡＩ、音楽生成ＡＩなど、日々アップデートされるさまざまな新サービスに、自分で手を動かして触れ、コンテンツを作成してみるのもいいでしょう。

無料版だけでなく、有料版もお試しで使って、性能を比較してみるなど、学びの種は探せばいくらでもあります。

楽しくなければ続かない。自分の心を動かしてドーパミンを出す

これは子どもも大人もまったく同じですが、勉強はイヤイヤやっても身につきません。自発的な学びは義務ではありませんから、「司法試験に合格する」などの具体的な目標、もしくは、**「知ること自体が楽しい」というポジティブなエネルギーがなければ、人間はモチベーションが維持できない**のです。

とある政府機関に勤める筆者の友人に、最先端テクノロジーを学ぶことが大好きな人がいます。

彼の趣味は、海外の関連論文を読み漁《あさ》ること。ゴールデンウィークなどの長期休暇も、英語で発表された海外の技術に関する本を、趣味で日本語に翻訳し続けていました。

その領域に興味がある日本の研究者や関係者にとっては、非常にありがたいことだった

かもしれません。しかし、翻訳自体は彼の本職とはまったく関わりがなく、当然ながら、報酬は1円も発生していません。完全に無償です。

なぜ、そんなボランティア活動のようなことを続けているのか？

そう尋ねたところ、彼は、「日本語になっていない最先端の情報を知ることが楽しい」という純粋な学びの喜びがあること、そして、『これは俺がやらなきゃいけない』という使命感がある」のだと教えてくれました。

もちろん、誰もが同じようにできるわけではないでしょう。しかし、自発的な学びのエンジンには、必ず「ワクワクする」という知的な喜びが含まれています。

最先端のテクノロジーは知的好奇心を刺激し、ワクワクさせてくれることは、多くの人が同感するでしょう。アップルの新製品やアップデートされた生成ＡＩを試して、「こんなＳＦみたいなことが身近でできる時代にもうなっているのか！」と、新鮮に驚くことができれば、そのエネルギーを学びに注ぎ込み、サイクルとして続けてください。

テクノロジーの学びには、「遊び」の側面が大いにあります。

だからこそ、「継続」を目的にするのではなく、**学びの「道中」を大いに楽しみましょう。**

続きが知りたくて仕方がない小説のページをめくる。そんな気持ちで、新しい技術に触れてみてください。

自律的なアクションに組織が応えてくれることもある

先ほど紹介した、プライベートの時間にテクノロジー関連の本や論文を翻訳するのが趣味の友人には、後日談があります。

何かの会話の流れで上司に自分の「趣味」を話し、頼まれてもない、翻訳したレポートを共有したところ、その行動が覚えられており（他にそんなことをする人はおらず、印象に残るのは当然です）、巡り巡って彼の興味があることの関連部署に配属が決まったのです。

彼の就いた新たなポジションが出世コースかどうかまでは、組織外の人間にはわかりません。しかし、結果的に、**アウトプットをアピールしたことによって、本人が希望する領域に近付けた**ことは事実です。

直近までは苦手だった部署だったらしく、疲弊していた顔がずいぶんと活気付くようになりました。

興味のある分野で所属以外の専門家と交流し、さらに学びやネットワークが広がり、転職にも有利になります。

このような幸運なケースもありますから、自律的な学びは、一人でこっそりと続けるのではなく、機会を見付けては周囲の誰かにさりげなく打ち明け、共有してみることをお勧めします。

運がよければ、組織が熱意に応えてくれることもあるでしょう。また、「あの人はこの領域に興味があったはず」と、情報が外からどんどん集まってくるメリットも得られます。

情報処理の試験だけではなく、実地でどう活かせるかを考えよう

広くテクノロジーの知識があるかどうかを判定する資格試験は存在しません。

デジタルについていえば、技術職としての力量を測るための情報処理技術者試験などはありますが、それはあくまでも仕事のためのスキルの指標に過ぎませんから、非技術系の人が無理に目指す必要はありません。


「もっと最新テクノロジーについて学びたいので情報処理技術者試験の勉強をしたが、さっぱりわからなくて諦《あきら》めてしまった。自分はやはり向いていない」

そんな体験談を、これまで何人もの人から聞いてきました。非常にもったいないことで

す。なぜなら、努力の方向性が違っているだけだからです。

喩えるならば、「株式投資を始めるためには簿記の資格試験が必要だから、勉強しなければならない」と思い込んでいる状態に近いでしょう。簿記の知識はあって困るものではありませんが、株式投資をする上で必須なものではありません。

だからこそお伝えしたいのは、**「大人こそ、自分に合った山の登り方を試し続けましょう」**という提案です。学生のときのように100点を目指す勉強の仕方は、逆に邪魔になります。正解がわからない中で、または、解いている問題設定自体が正しいのかわからない中で、模索しなければならないのですから。

「情報処理とかよくわからないけど、何となく面白そうだから」
「画像生成ＡＩでイラストを描いてみるのが楽しいから、もっと原理を知りたい」
「楽器はまったく弾けないが、音楽生成ＡＩで曲づくりをしてみたい」

それくらいの遊び心から始まるモチベーションがあれば十分です。短期的なコストパフォーマンスを重視せず、長期的な視点、偶発性を探索しましょう。テクノロジーの進化が減速することは考えにくいです。

その上で、体感しながら技術の輪郭をつかんでいく。輪郭が見えてきたら、「今の仕事に活かせないかな?」と、もう一歩踏み込んでみる。自分の脳内でドーパミンが分泌《ぶんぴつ》されるツボを、手を動かしながら、うまく見つけ出していきましょう。

新しい知識を自分に「実装」するテクニックは、テクノロジー周辺の理解だけに限定されるものではありません。ビジネスパーソンとしてキャリアを積み重ね、人生を充実させていく上で必要とされるすべての学びにおいても、必ず役に立つはずです。

急速な円安で、海外との行き来がしにくい時代だからこそ、積極的に海外の情報を取得し、工夫をして、世界の大きな流れを読まなければなりません。そのきっかけに、本書が少しでも役立てば幸いです。

建設的な感想、ご指摘などは、yamamototech2020@gmail.com にメールでお送りいただくか、左のＱＲコードを読み取って、お問い合わせフォーム（https://bit.ly/30z56tm）よりいただけましたら幸いです。

本書は、月刊『THE21』2024年5～7月号に連載された記事に、大幅に加筆・修正をしたものです。

取材・構成――阿部花恵
図版作成――桜井勝志

PHP
Business Shinsho

山本康正（やまもと・やすまさ）
京都大学経営管理大学院客員教授
1981年、大阪府生まれ。東京大学で修士号取得後、三菱東京UFJ銀行（現・三菱UFJ銀行）米州本部にて勤務。ハーバード大学大学院で理学修士号を取得後、グーグルに入社し、フィンテックやAIなどで日本企業のデジタル活用を推進。京都大学大学院総合生存学館特任准教授も兼務。主な著書に『2025年を制覇する破壊的企業』（SB 新書）、『2030年に勝ち残る日本企業』『入門 Web3とブロックチェーン』『アフターChatGPT』（以上、PHPビジネス新書）などがある。

PHPビジネス新書 472

2035年に生き残る企業、消える企業

世界最先端のテクノロジーを味方にする思考法

2024年7月26日　第1版第1刷発行

著　者　山本康正
発行者　永田貴之
発行所　株式会社ＰＨＰ研究所
東京本部　〒135-8137　江東区豊洲 5-6-52
ビジネス・教養出版部　☎03-3520-9619（編集）
普及部　☎03-3520-9630（販売）
京都本部　〒601-8411　京都市南区西九条北ノ内町11
PHP INTERFACE　https://www.php.co.jp/
装　幀　齋藤 稔（株式会社ジーラム）
組　版　有限会社エヴリ・シンク
印刷所　株式会社光邦
製本所　東京美術紙工協業組合

ISBN978-4-569-85726-8

「ＰＨＰビジネス新書」発刊にあたって

わからないことがあったら「インターネット」で何でも一発で調べられる時代。本という形でビジネスの知識を提供することに何の意味があるのか……その一つの答えとして「**血の通った実務書**」というコンセプトを提案させていただくのが本シリーズです。

経営知識やスキルといった、誰が語っても同じに思えるものでも、ビジネス界の第一線で活躍する人の語る言葉には、独特の迫力があります。そんな、「**現場を知る人が本音で語る**」知識を、ビジネスのあらゆる分野においてご提供していきたいと思っております。

本シリーズのシンボルマークは、理屈よりも実用性を重んじた古代ローマ人のイメージです。彼らが残した知識のように、本書の内容が永きにわたって皆様のビジネスのお役に立ち続けることを願っております。

二〇〇六年四月

ＰＨＰ研究所